La vieillesse vient trop vite et la sagesse trop tard

Docteur Gordon Livingston

La vieillesse vient trop vite et la sagesse trop tard

30 leçons de vie pour être heureux

•Marabout•

 Publié pour la première fois aux États-Unis en 2005 par Marlowe & Compagny sous le titre *Too soon old, too late smart : thirty true things you need to know now.*

Traduction française : Dominique Brotot avec la collaboration d'Ariane Morris

---

À mes patients
Qui m'ont enseigné la majeure partie du contenu
de ce livre.

Et à Clare
Qui, en dépit du bon sens, a choisi de m'aimer.

Sommaire

Préface

Au cours de ces huit dernières années, Gordon Livingston a compté parmi les personnes les plus importantes dans ma vie – et je ne l'ai pourtant rencontré qu'une fois. Nous ne sommes jeunes ni l'un ni l'autre, mais nous avons profité du mode de communication utilisé par ces derniers, en liant connaissance sur Internet, au sein d'une communauté en ligne de parents endeuillés. Le petit groupe dont Gordon faisait partie correspondait exactement à ce dont j'avais besoin après la mort de mon enfant. Ces gens comprenaient vraiment l'abîme dans lequel nous étions tous en train de tomber, en essayant – avec plus ou moins de conviction – de tenir bon pour arrêter la chute.

Il n'existe pas de mots pour décrire le soutien sans faille qu'il m'a apporté, à cette époque, par la justesse de ses paroles. La vérité aussi cruelle qu'incroyable, même pour nous qui étions à mi-profondeur du gouffre, est que Gordon avait plongé à deux reprises dans cette horreur. C'était une bénédiction pour moi de pouvoir me cramponner à lui, à sa franchise sans fard et à sa compassion chaleureuse. Et aussi persuadé qu'il fût de ce qu'il disait, jamais il ne sermonnait ni ne jugeait. Il a éclairé l'endroit où je me trouvais afin que je puisse mieux me voir et mieux appréhender le monde qui m'entourait, puis il a dirigé la lumière vers le gouffre dans lequel je m'enfonçais, pour me permettre d'en sortir et de retrouver une existence productive.

Les années m'ont appris une chose à propos de Gordon : il transmet une sagesse plus grande encore que celle qu'il doit à son vécu hors du commun. Cette sagesse nous enseigne qu'il importe peu que nous tombions dans l'abîme, comme nous l'avons fait l'un et l'autre, plutôt qu'au pays des merveilles, telle Alice quand elle dit : « Je suis trop petite, je suis trop grande, rien n'est-ce qu'il devrait être. » Ce livre offre à chaque lecteur une grandeur de vue dont j'ai eu la chance de bénéficier pendant ces huit dernières années. Nous devons tous nous en saisir chaque fois que se fait sentir la nécessité de conseils avisés. Aujourd'hui encore il m'arrive souvent d'éprouver le besoin d'entendre cette voix à la fois sévère et rassurante, chargée d'espoir mais réticente à prononcer des certitudes. Je tends alors la main vers le dossier sur mon bureau étiqueté « Gordon » : un recueil de ses courriels et courriers. Car personne ne sait mieux combien la vie décide pour nous, et combien il est vain d'espérer davantage que de maintenir le cap malgré les accidents de parcours. Il m'a écrit un jour : « Je ne sais rien de plus que ce que je ressens et ce que j'espère » un bel exemple de sa manière de s'exprimer, sans emphase. Car il semble aussi savoir ce que je ressens et ce que j'espère, et ce que vous ressentez et espérez, et lesquels de ces sentiments sont sincères, et lesquels de ces espoirs sont accessibles. Lui qui pilote des avions poursuivait : « J'espère qu'en faisant monter l'indicateur de vitesse à soixante, tirer sur le manche arrachera l'appareil au sol. On m'a expliqué une centaine de fois la physique en jeu. Bernoulli avait par hasard vu juste. Mais cela ressemble toujours à un miracle. » Ces mots sonnent vrai. Gordon, en dépit de son expérience, a trouvé le moyen de conserver la foi de l'innocent, du profane.

En lisant ces pages, il m'est revenu en mémoire la bande-annonce d'une émission télévisée consacrée au développement personnel : « Vos amis ne vous le diront pas... Nous, oui, car nous ne sommes pas vos amis. » Au fond, c'est peut-être ainsi qu'agissent les vrais amis : ils énoncent les vérités difficiles à entendre, mais indispensables à savoir pour devenir plus fort, plus généreux, plus courageux et plus attentif. Écouter Gordon risque de ne pas être toujours agréable. Il va vous arracher au fauteuil où vous aviez prévu de rester avachi devant la télévision jusqu'à l'extinction des lumières – pour votre plus grand bien, n'en doutez pas ! S'il rend conscient du peu de contrôle que nous avons sur nos vies, il rappelle en même temps que nous ne sommes jamais complètement dépourvus de choix. Comme un parent avisé, il nous pousse dans la bonne direction... avec une main de fer dans un gant de velours.

Gordon et moi venons de mondes différents et, dans bien des domaines, nous avons des points de vue divergents. Même quand nous ne sommes pas d'accord, comme cela nous arrive – y compris sur des sujets traités ici –, j'apprécie sa façon de chercher à convaincre sans agressivité ni impolitesse, devenues si fréquentes lorsqu'on discute avec nos contemporains. Et, à mon grand regret, c'est toujours lui qui trouve les meilleurs arguments pour rallier à ses opinions. Ce fut une immense joie pour moi d'avoir l'occasion d'écrire cette préface, de présenter Gordon Livingston à ceux qui ne connaissent pas encore ses qualités d'esprit et de cœur. Par-dessus tout, je me réjouis d'avoir la chance de lui répéter les paroles prononcées par son fils Lucas, alors que ce dernier, à l'âge de six ans, attendait la mort, la moelle osseuse donnée par son père n'ayant pas produit le miracle médical qu'ils méritaient tous les deux : « J'aime ta voix. »

Elizabeth Edwards

Défenseur passionné des enfants et avocate accomplie, Elizabeth Edwards joue un rôle actif dans plusieurs organisations sociales et charitables, dont *March of Dimes*, le comité de réception des visiteurs de l'université de Caroline du Nord, *Books for Kids* et la *Wade Edwards Foundation*. Elle est mariée à John Edwards, avec qui elle a la fierté d'avoir eu cinq enfants : Wade, décédée en 1996, Cate, Emma, Claire et Jack.

La vieillesse vient trop vite et la sagesse trop tard

1. S'adapter au monde en apprenant à se protéger

Il y a bien longtemps, jeune lieutenant dans la 82e division aéroportée, j'essayais de m'orienter lors d'une mission d'entraînement à Fort Bragg, en Caroline du Nord. J'étais en train d'étudier une carte, lorsque mon sergent instructeur, qui avait vu passer plus d'un officier subalterne, s'approcha et me demanda :

– « Vous savez où nous sommes, lieutenant ?

– J'ai un doute, répondis-je. Selon la carte, il devrait y avoir une colline là-bas, mais je ne la vois pas.

– Monsieur, dit-il, si le terrain ne correspond pas à la carte, c'est la carte qui est fausse. »

Je venais d'entendre une vérité profonde, je le compris immédiatement.

J'ai passé de nombreuses années à écouter mes semblables me parler de leurs vies et, plus particulièrement, de toutes les manières dont elles peuvent mal tourner. J'ai compris que notre parcours ici-bas consiste à essayer de rendre nos cartes mentales conformes au terrain sur lequel nous marchons. Dans l'idéal, ce processus se déroule pendant la jeunesse. Les parents enseignent, principalement par l'exemple, ce qu'ils ont appris. Encore faut-il être réceptif à leurs leçons ! Et souvent la vie de nos parents nous incite à penser que ceux-ci n'ont pas grand-chose d'utile à transmettre. Nous nous éduquons donc pour l'essentiel en procédant à coups d'essais et d'erreurs, ce qui se passe rarement sans douleur.

Pour prendre l'exemple d'une tâche de toute première importance dans nos vies, pour laquelle la plupart d'entre nous pourraient mettre à profit ce qu'il a appris, examinons la manière dont on choisit (et réussit à garder) un conjoint. Le fait que plus d'un mariage sur deux finisse par un divorce montre que nous manquons d'efficacité dans ce domaine. Le spectacle du couple formé par nos parents n'est généralement pas rassurant. Je connais peu de gens prêts à se satisfaire de ce qu'ils ont vu dans leur famille d'origine, même si leurs géniteurs sont restés mariés des dizaines d'années. Le plus souvent, ceux dont les parents vivent toujours ensemble les décrivent engagés dans une coexistence ennuyeuse ou conflictuelle qui fait sens sur le plan économique, mais qui manque du piment nécessaire à la vie ou de plénitude affective.

Il est impossible de prédire à quoi ressemblera quelqu'un dans cinq ans, encore moins dans cinquante, ni si on va continuer à l'aimer tout ce temps-là. Il nous faut donc accepter l'évolution actuelle de notre société vers une sorte de monogamie à répétition, reconnaître que les gens changent avec le temps et qu'il est naïf d'espérer voir durer son amour de jeunesse. Là où le bât blesse, c'est que la monogamie à répétition ne fournit pas aux enfants la stabilité et la sécurité dont ils ont besoin pour se diriger dans le monde et pour comprendre comment il fonctionne. Donc, qu'avons-nous exactement besoin de connaître d'une personne afin de décider si elle a le bon profil du compagnon ou de la compagne de toute une vie ? Le plus simple, pour commencer ce tri, est d'identifier le type de personnalité qui ne nous convient manifestement pas. Il faut, pour cela, quelques connaissances sur la typologie humaine, un sujet sur lequel nous avons l'habitude de rester très superficiels.

La remarque « il a beaucoup de personnalité » décrit en général une aptitude à se montrer sympathique ou amusant. En réalité, ce sont les modes de pensée, de perception et d'interaction qui définissent une personnalité. Nous savons bien que nous nous différencions par certaines caractéristiques comme, parmi bien d'autres, l'introversion, l'amour du détail, la tolérance à l'ennui, l'envie de se rendre utile ou la détermination. Souvent, toutefois, nous n'avons pas conscience que les qualités les plus précieuses – la gentillesse, la tolérance, la capacité à s'engager – ne sont pas distribuées de manière aléatoire chez chacun. Elles ont tendance à exister sous la forme de constellations de « traits » à la fois identifiables et raisonnablement stables dans la durée. De même, les attributs moins louables comme l'impulsivité, l'égocentrisme et l'irascibilité s'assemblent en général selon des schémas repérables. Avoir du mal à établir et à entretenir des rapports intimes découle, pour une grande part, de l'incapacité à identifier, en soi comme chez les autres, les traits de personnalité qui rendent quelqu'un mal adapté à une relation profonde.

Les psychiatres se sont donné la peine de catégoriser les troubles de la personnalité. Je me dis souvent que la partie du manuel portant sur le diagnostic devrait avoir pour titre « Individus à éviter ». Les nombreuses appellations qu'elle contient – histrionique, narcissique, dépendant, fragile, etc. – dressent un catalogue des personnes désagréables : soupçonneuses, égoïstes, imprévisibles, vampiriques. Ce sont les gens contre lesquels vous a prévenu votre mère. (Malheureusement, votre mère en fait parfois partie.) Vous aurez du mal à rencontrer à l'état pur chacun des traits décrits dans le manuel en une seule personne, mais savoir comment les reconnaître, au moins un peu, éviterait bien des peines de cœur. Je trouverais tout aussi utile un manuel décrivant les qualités à développer en nous-même et à chercher chez nos amis et partenaires amoureux. Au sommet de la liste figurerait la gentillesse, cette détermination à donner de soi-même. C'est la plus désirable des vertus et elle gouverne toutes les autres, y compris la capacité à l'empathie et à l'amour. Comme d'autres formes d'art, elle peut paraître difficile à définir mais, quand elle est présente, nous le sentons.

Voici ce que j'aimerais mettre au point : un guide fiable nous permettant d'éviter les personnes qui ne méritent pas qu'on leur consacre du temps, ni qu'on leur donne notre confiance, et d'ouvrir les bras aux autres. Se sentir triste, en colère, trahi, surpris ou désorienté compte parmi les signes les plus révélateurs d'une erreur de direction dans les chemins que nous nous sommes tracés et qui sont sans cesse à redéfinir. Ces émotions révèlent la nécessité de reconsidérer notre instrument mental de navigation et de chercher les moyens de le corriger. Le risque est, sinon, de tomber dans des schémas répétitifs, à l'instar de ces malheureux qui ne profitent pas de ce qu'ils ont appris, seule consolation à nos douloureuses expériences.

2. Nous sommes ce que nous faisons

Des patients viennent souvent me demander des médicaments. Ils ne supportent plus de broyer du noir, de manquer d'énergie, de ne plus s'intéresser à ce qui leur donnait auparavant du plaisir. Ils ont du mal à dormir ou bien ils dorment tout le temps ; ils ont perdu l'appétit ou ont tout le temps faim. Ils sont irritables et ont des problèmes de mémoire. Souvent ils souhaitent être morts. Ils ont du mal à se souvenir de ce que veut dire « être heureux ». Je les écoute. Ils ont tous des parcours uniques, bien sûr, mais certains thèmes sont récurrents : d'autres membres de leur famille ont eu comme eux des vies marquées par le découragement ; leurs relations de couple sont conflictuelles ou alors « tièdes » dépourvues de passion ou de complicité ; leur quotidien est routinier, ils ne sont pas satisfaits au travail, ils ont peu d'amis et s'ennuient beaucoup, ils se sentent privés des joies ressenties par d'autres.

Voici ce que je leur dis :

« La bonne nouvelle, c'est que nous avons de quoi traiter les symptômes de la dépression ; la mauvaise nouvelle, c'est qu'aucun médicament ne vous rendra heureux. Le bonheur n'est pas seulement l'absence de désespoir. C'est un état positif dans lequel l'existence a un sens et donne du plaisir. »

Prendre des cachets suffit donc rarement. Il faut aussi se remettre en question, dans l'idée d'apporter des changements à son mode de vie. Nous parlons tout le temps de nos désirs, de nos intentions. Il s'agit là de rêves et de plans sur la comète qui ont peu d'influence sur l'humeur. Nous ne sommes pas ce que nous pensons, ou ce que nous disons, ou ce que nous ressentons. *Nous sommes ce que nous faisons*. À l'inverse, pour juger quelqu'un, nous devons être attentifs non pas à ce qu'il promet mais à la façon dont il se comporte. Respecter cette règle élémentaire réduirait beaucoup la douleur et l'incompréhension qui entachent les relations humaines. « Quand tout est dit et fait, davantage est dit que fait. » Nous nous noyons dans les mots et ceux-ci nous servent souvent à mentir, y compris à nous-mêmes. Combien de fois avons-nous été surpris ou trahi par le décalage entre les paroles de nos semblables et leurs actes pour enfin apprendre à accorder plus d'attention aux seconds qu'aux premières ? Nous éviterions bien des souffrances si nous prenions en compte cette réalité : *le comportement passé est le meilleur indicateur du comportement futur*.

Woody Allen a déclaré : « Quatre-vingts pour cent de la vie consistent à frimer. » Notre courage s'exprime dans les innombrables petits gestes par lesquels nous remplissons nos obligations ou nous nous risquons dans l'inconnu, qui peut nous réserver une vie meilleure. Beaucoup de gens ont peur du danger et préfèrent le terne, le prévisible et le répétitif. Il n'y a pas à chercher ailleurs l'explication de l'écrasante sensation d'ennui propre à notre époque. Essayer de vaincre cet ennui nous plonge dans une quête frénétique de distraction et de stimulation au bout du compte vide de sens. Rien ne pèse plus lourd que la question « Pourquoi ? » Pourquoi sommes-nous ici ? Pourquoi choisissons-nous ces vies-là ? Pourquoi s'en soucier ? Un autocollant populaire aux États-Unis fournit une réponse désespérante : « Qu'importe ? » En général, nous n'obtenons pas ce que nous méritons, mais ce à quoi nous nous sommes préparés.

Les trois composantes du bonheur peuvent se résumer ainsi : quelque chose à faire, quelqu'un à aimer et quelque chose à espérer. Réfléchissez-y. Il est difficile d'être malheureux en ayant un travail utile, des relations enrichissantes et la promesse du plaisir. Je range sous le terme de « travail » toute activité, payée ou bénévole, qui nourrit un sentiment d'importance personnelle. Si une activité de loisir vous passionne et donne un sens à votre vie, elle est votre travail. Que l'on puisse trouver du plaisir et du sens à s'acharner dans la médiocrité sur un court de tennis ou à une table de bridge fait honneur à la diversité humaine. Imaginez les embouteillages qu'il y aurait si nous nous dirigions tous vers la même activité.

On parle beaucoup de la difficulté présumée à définir l'« amour » Les mots sont supposés impuissants à décrire un sentiment au fondement aussi mystérieux : pourquoi est-ce que j'aime cette personne et pas une autre. Que pensez-vous de cette définition ? *Nous aimons quelqu'un quand ses besoins et ses désirs ont autant d'importance pour nous que les nôtres propres.* Dans le meilleur des cas, bien sûr, on se soucie encore davantage du bien-être de l'autre que du sien, ou bien les deux ne se distinguent plus. Je me sers d'une question concrète pour aider les gens à déterminer s'ils aiment vraiment : « Si on lui tirait dessus, est-ce que vous lui feriez un écran de votre corps ? » C'est mettre apparemment la barre très haut. Nous sommes peu nombreux à devoir concrètement envisager un tel sacrifice, et personne ne peut prédire avec certitude ses réactions en cas de conflit entre ses sentiments et son instinct de survie. Mais le seul fait d'imaginer la situation peut clarifier la nature d'un attachement.

Il y a très peu de gens pour qui nous serions prêts à mourir : nos enfants, certainement ; notre conjoint ou l'« élu de notre cœur » peut-être. Mais si on ne peut pas envisager un tel sacrifice, comment peut-on prétendre aimer ? Dans la vie courante, les sentiments d'amour, ou leur absence, s'expriment dans les petits gestes du quotidien, ainsi que dans la quantité et la qualité de temps que nous sommes prêts à accorder à ceux qu'on aime.

Là où je veux en venir, c'est que l'amour se manifeste dans la façon de se comporter. Encore une fois, la réalité de notre personnalité et de nos sentiments ne se révèle pas dans nos promesses, mais dans nos actes. J'attire en permanence l'attention de mes patients sur ce point. Nous appartenons à une espèce bavarde qui adore utiliser les mots pour expliquer – et tromper. Le pire est de se tromper soi-même. Ce que nous choisissons de croire est étroitement lié à des besoins profondément ancrés : par exemple, ce rêve enfoui au fond de nous de jouir d'un amour parfait, de se sentir protégé par la confiance inconditionnelle que seule une bonne mère peut offrir. Ce désir rend vulnérable à la pire forme d'aveuglement, celle qui consiste à se complaire dans l'espoir d'avoir enfin trouvé la personne qui nous aimera à jamais exactement tel que nous sommes.

Ainsi, quand quelqu'un se prête à ce rôle et emploie les mots que nous désirons tellement entendre, nous allons parfois choisir de fermer les yeux sur des actes incompatibles avec ses paroles. Quand une femme me dit : « Il ne se conduit pas toujours bien, mais je sais qu'il m'aime » je lui demande toujours s'il est possible de faire intentionnellement du mal à un être aimé. Agirions-nous ainsi envers nous-même ? Pouvons-nous aimer le camion qui nous écrase ?

Un amour véritable exige encore davantage de nous : le courage de devenir totalement vulnérable à autrui. Les risques sont évidents. Qui n'a pas eu le cœur meurtri parce qu'il avait accordé sa confiance à tort ? De telles blessures alimentent le cynisme actuel à propos de l'amour, ainsi que les jeux de rivalité qui rendent difficiles de s'ouvrir l'un à l'autre.

Beaucoup de gens oscillent entre deux extrêmes : la solitude et l'aveuglement. La meilleure chance de trouver le bonheur se situe quelque part au milieu. En fin de compte, il est illusoire d'espérer recevoir ce que l'on n'est pas soi-même prêt à donner. C'est pourquoi il y a du vrai dans le dicton selon lequel chacun a l'épouse ou l'époux qu'il mérite, et que les raisons de se plaindre d'autrui reflètent le plus souvent des limitations personnelles.

3. La logique a ses limites

Si j'en crois mon expérience, les thérapeutes perdent beaucoup de temps à essayer de convaincre leurs patients de renoncer à des comportements incompréhensibles, inadaptés et apparemment « illogiques ». Par exemple, un homme rentre chez lui du bureau et, dès la porte franchie, lance : « C'est le foutoir ici ! » Ses enfants filent sans demander leur reste et sa femme, qui rentre tout juste de *son* travail, elle aussi, après avoir récupéré les petits chez la nourrice sur le chemin du retour, bout intérieurement. La soirée commence mal. En entendant ce récit, le thérapeute relève qu'à l'évidence il n'est pas très habile de critiquer une épouse épuisée au terme d'une longue journée. Tout le monde s'entend sur la justesse de l'observation, mais cela ne fait pas changer le comportement. Au mieux, le prétexte du reproche se déplace. Les deux personnes restent mécontentes l'une de l'autre et la discorde continue de régner.

Que se passe-t-il ici ? Pourquoi cet homme ne semble-t-il pas comprendre que les remontrances engendrent la colère et la contrariété ? Cette question ne suscite pas de réponse systématique, bien entendu, mais s'attaquer par la logique à des attitudes et à des sentiments profondément ancrés et habituels ne donne presque jamais de résultat. Nos actes, nos préjugés et les conflits répétitifs qui empoisonnent nos vies sont rarement les produits de la pensée rationnelle. En fait, *nous fonctionnons principalement en pilotage automatique*, reproduisant aujourd'hui ce qui ne marchait pas hier. Le bon sens voudrait que le savoir acquis et la maturité nous permettent d'anticiper les conséquences désagréables de certains comportements et nous en fassent changer. Quiconque a observé un joueur de golf moyen à l'œuvre sait qu'il n'en est rien.

En fait, nous semblons parfois englués dans des schémas de vie tellement ineptes qu'ils paraissent obéir au vieil adage militaire « si ça ne marche pas, recommencez ». Les motivations et les habitudes qui sous-tendent la majorité de nos comportements sont rarement logiques ; nous sommes bien davantage mus par des impulsions, des préjugés et des émotions dont nous n'avons qu'une vague conscience.

Dans l'exemple précédent, l'homme irascible éprouve de la frustration dans son travail ou trouve pénibles ses longs trajets de retour. Il rêve d'avoir un certain contrôle sur son existence mais celle-ci lui échappe de manière exaspérante. Il rentre chez lui avec l'espoir d'y trouver un refuge, mais un surcroît d'obligations et de désordre l'y attend. Ce n'est pas la vie qu'il avait imaginée. À qui la faute ?

Notre conduite est principalement dictée par nos sentiments, souvent bien difficiles à discerner. Il s'ensuit que, pour changer, nous devons donc réussir à identifier nos besoins affectifs et à trouver des moyens de les satisfaire qui ne blessent pas les personnes dont notre bonheur dépend. Si nous souhaitons, comme c'est le cas de la plupart d'entre nous, être traités avec gentillesse et indulgence, nous devons nous-même cultiver ces qualités. Quand je discute avec des couples en conflit, je trouve frappante la similitude de leurs désirs : être respectés, être écoutés, sentir qu'ils occupent une place centrale dans la vie de leur partenaire. Que pourrait-on espérer d'autre d'une relation amoureuse ? Quand les gens parlent d'amour, ils n'ont rien de plus en tête.

C'est enfoncer une porte ouverte que de dire qu'il faut donner pour recevoir, que l'on récolte ce que l'on sème. Il n'y a pourtant rien de plus vrai. Pourquoi est-il alors si difficile à réaliser ? La réponse est à chercher dans notre expérience passée, comme tant d'autres explications sur nos manières d'agir.

Un enfant est en droit d'attendre de ses parents un amour inconditionnel. Mais je connais peu d'adultes qui ont le sentiment de l'avoir reçu. Au contraire, mes patients se souviennent souvent du poids qu'a représenté pour eux l'obligation jamais ouvertement formulée d'avoir à « faire la fierté des parents » – en réussissant à l'école, en évitant les ennuis, en faisant un bon mariage, en donnant naissance à des petits-enfants. Nombreuses sont les voies empruntées pour instiller à ses enfants le sens du devoir. En acceptant qu'on lui donne la vie et qu'on prenne soin de lui, le petit d'homme contracte apparemment une dette qu'il ne peut rembourser qu'en remplissant les attentes de ses géniteurs.

On parle beaucoup du fardeau qui pèse sur les parents. À commencer par les douleurs de l'accouchement, le manque de sommeil des premiers mois, les innombrables trajets en voiture pour conduire un tel ou un tel à ses activités extrascolaires, le stress émanant des relations conflictuelles à l'adolescence et, enfin, le coût des études. Chaque étape de l'éducation apporte son lot de récriminations, faisant de tout parent une sorte de martyr. Quoi de surprenant alors à ce que les enfants aient le sentiment que, s'ils ont des obligations envers nous, nous en avons aussi envers eux ?

La question « qu'est-ce que je dois à mes parents ? » peut pervertir la façon de vivre pendant une bonne partie de l'âge adulte, et parfois sa totalité. *En réalité, nos enfants ne nous doivent rien*. Personne ne nous a obligés à les mettre au monde, nous l'avons choisi. Les aimer et subvenir à leurs besoins est notre responsabilité de parents et non un acte altruiste comme un autre. Dès le début, nous savons que nous les élevons pour qu'ils nous quittent et il nous appartient de les aider à partir sans qu'ils aient à nous témoigner une gratitude éternelle ou à se sentir redevables à vie envers nous.

Dans les familles qui fonctionnent bien, les enfants s'en vont facilement. Les familles qui fonctionnent mal ont tendance à s'accrocher à leur progéniture. Je rencontre des foyers où les enfants restent bien après être devenus adultes, souvent sans en être particulièrement heureux. J'ai à chaque fois l'impression que les mêmes conflits et les mêmes angoisses de séparation ressurgissent, sans jamais trouver de solution. Tout le monde semble partager le même fantasme : « Persistons jusqu'à ce qu'on y arrive ! » Parfois, cela ne se produit jamais. Je connais des parents qui ne s'endorment toujours pas tant que les « petits » âgés de plus de vingt ans, et parfois trente, ne sont pas rentrés.

Les disputes sur les tâches ménagères et les heures de repas reflètent un puissant attachement au passé, ainsi que la peur d'un avenir indépendant. Une espèce d'engagement mutuel à ne rien changer lie les deux générations. Les jeunes préfèrent renoncer à une vie autonome pour garder la sécurité que leur procure l'existence chez papa-maman, familière et rassurante. Cette situation a l'immense avantage de permettre aux parents de ne pas avoir à renoncer à leurs responsabilités et leur donne ainsi le sentiment d'exister pour quelque chose.

Chacun tient dans ces familles des rôles définis de longue date. On a l'impression d'assister à une pièce de théâtre bien rôdée où chacun des acteurs a acquis une telle maîtrise de son rôle que l'idée d'arrêter les représentations et de passer à autre chose peut provoquer une angoisse terrible.

Enfin, quand on lutte contre des comportements inadaptés en utilisant des arguments logiques, on bute souvent contre ce fait indépassable : *rien ne vient à bout de l'ignorance*. Il arrive aux gens d'être tellement accrochés à leur point de vue sur la façon dont les choses devraient se passer qu'ils réfutent tout ce qui pourrait leur suggérer qu'un changement est nécessaire.

4. Se plaindre... Oui, mais après ?

Les histoires de nos vies, loin d'être des récits figés, sont soumises à de constants remaniements. En tentant d'expliquer aux autres et à nous-même comment nous sommes devenus l'individu que nous sommes, nous ne cessons de retisser et de réinterpréter les liens de cause à effet. Quand j'écoute mes patients me raconter leur passé, je suis impressionné par les rapports qu'ils établissent entre ce qu'ils ont vécu enfants et ce qu'ils sont aujourd'hui.

Alors, que devons-nous au passé ? Il nous a indéniablement façonné et nous avons besoin d'en tirer un enseignement, si nous voulons éviter de répéter inlassablement les mêmes erreurs et de se sentir piégé indéfiniment par notre propre histoire. C'est pourquoi dans les premiers stades d'une psychothérapie, il convient d'écouter le récit du patient sans porter de jugement. Les souvenirs ne rapportent pas seulement les faits, mais aussi leur signification pour cette personne particulière. Dans la mesure où elle souffre d'angoisse, de dépression ou d'une autre forme d'insatisfaction existentielle, on doit s'attendre à ce qu'elle expose des griefs et des traumatismes censés avoir un rapport avec son état présent.

Tout adulte possède suffisamment de rudiments de psychologie pour avoir tendance à lier des symptômes actuels à des difficultés antérieures. Assumer la responsabilité de ses actes et de son état émotionnel exige de la volonté. Il est plus facile de rejeter la faute sur des figures du passé, en particulier sur ses parents, en leur reprochant de ne pas avoir fait un meilleur travail.

S'il y a vraiment eu un traumatisme sexuel, physique ou psychologique sérieux, il faut en prendre acte et le traiter. Aucun enfant ne sort indemne de négligences ou de maltraitances parentales. Il convient alors de procéder à l'examen du problème avec empathie, en mettant en valeur l'enseignement qu'on peut tirer de tels traumatismes et en écartant l'idée trop souvent admise que des expériences, mêmes les plus atroces, décident à jamais d'un destin.

Le changement est l'essence de la vie. Il est l'objectif de tout entretien thérapeutique. Pour que le processus s'engage, celui-ci doit toutefois dépasser la simple plainte. On me demande souvent comment je fais pour ne pas mourir d'ennui à écouter sans fin des patients « gémir » sur leur sort. La réponse est évidente : se plaindre de ce que l'on ressent ou de la répétition de comportements aux conséquences désagréables n'est qu'un premier pas. En thérapie, ma question favorite est : « Et après ? » (En toute subtilité, l'économiseur d'écran de mon ordinateur, visible aux yeux de tous, fait défiler ces mots.)

La question porte à la fois sur le désir d'évoluer et sur le pouvoir de le faire. Elle contourne l'auto-apitoiement, implicite au fait de s'accrocher à des traumatismes passés, et reconnaît l'importance de se servir des entretiens orientés, de l'introspection et de la relation thérapeutique comme levier du changement dans le comportement de la personne.

Je dispense peu de conseils directs en thérapie – pas par modestie ni dans le but d'amener les patients à trouver leurs propres solutions aux problèmes, mais parce que j'ai rarement une idée claire de ce que les gens ont besoin de faire pour s'améliorer. Je peux toutefois rester en leur compagnie pendant qu'ils cherchent. Mon travail consiste à les garder attelés à la tâche, à signaler les liens que je crois discerner entre passé et présent, à m'interroger sur leurs motivations sous-jacentes et à leur exprimer ma confiance dans leur capacité à trouver les solutions qui leur conviennent.

Une forme d'apprentissage prend place. On vient souvent en thérapie avec l'espoir de recevoir de sages conseils sur la marche à suivre. Après tout, nous consultons les médecins pour avoir des ordonnances. Nous sommes formés à croire aux solutions rapides. « Ça ne va pas ? Prenez ce remède. » Se mettre en tête qu'il va falloir parler de ses problèmes, de ce que l'on a tenté pour les régler et qui a échoué implique un lent et lourd processus reposant sur un constat pénible : *nous sommes responsables de la majeure partie de ce qui nous arrive*.

Le thérapeute se retrouve là obligé de marcher sur un fil. Nous avons tous vécu des événements et supporté des pertes auxquelles nous ne pouvions rien, et cela inclut le fait de naître dans une famille et pas dans une autre, la manière dont on nous a traités enfant, ainsi que les morts et les divorces de nos proches. Il est facile de soutenir que des circonstances et des personnes sur lesquelles nous n'avions aucune prise ont eu un impact néfaste sur nous.

Si le thérapeute tente d'orienter l'entretien vers des choix concernant l'avenir du patient, ce dernier risque de le percevoir comme injuste et dépréciatif. C'est là que l'alliance thérapeutique joue tout son rôle. Le patient doit être convaincu que son interlocuteur est de son côté.

Dans une thérapie bien menée, le thérapeute joue à la fois un rôle de substitut parental, de confesseur et de conseiller. Il ne peut être parfait pour tout le monde. Chaque personne en quête d'aide a des besoins particuliers qui la conduisent à bien ou mal « coller » avec un thérapeute donné, d'autant plus que celui-ci apporte au processus son vécu, ses préjugés et sa conception du progrès. Souvent, il est futile, et parfois même nuisible, d'essayer d'établir le contact. Comme pour tout autre rapport humain, ce qui marche est rarement facile à définir ou à prédire. Les qualités d'un bon thérapeute reflètent celles d'un bon parent : patience, empathie, capacité à éprouver de l'affection et à écouter sans juger. Ceci dit, tout comme un parent réagit différemment à des enfants différents, un thérapeute obtient de meilleurs résultats avec certains patients. Nous hésitons à l'admettre, mais nous avons tendance à apporter une plus grande aide aux gens qui nous ressemblent. Ce préjugé rarement reconnu est logique. Aucun de nous, lâché dans un pays étranger, ne ferait un thérapeute très efficace, même en parlant la langue. La subtile combinaison d'habitudes et d'attentes culturelles nous échapperait. Les membres de notre société vivent également des existences très différentes selon, par exemple, leur race ou leur position sociale. Pour l'un de nous, se croire capable de la même efficacité avec tout le monde relève de l'arrogance.

Quand une personne vient me consulter et que nous faisons connaissance, une des questions que je me pose invariablement à son sujet est la suivante : « Est-ce que j'ai de l'estime pour elle ? Est-ce que je peux finir par en avoir ? » Si elle me rappelle trop l'un de mes parents, ou quelqu'un avec qui j'ai eu un conflit, ou une fille qui m'a rejeté à l'adolescence, je me sais en terrain miné. Si je m'aperçois que je réprouve les propos d'un patient ou que je m'ennuie en les écoutant, je sais, le moment venu, lui suggérer avec douceur qu'il progresserait mieux avec quelqu'un d'autre. Par exemple, je trouve difficile d'engager une thérapie avec un patient si je sens chez lui, de manière persistante, une incapacité à s'en sortir seul, qui lui vient de son éducation. Si je m'aperçois que je fournis la plus grande part d'énergie dans l'affaire et que j'y crois plus que le patient ou, au contraire, si je perds l'espoir d'une quelconque amélioration, il est temps d'arrêter.

Enfin, si le patient semble résolument attaché au passé et peu disposé à envisager un avenir meilleur, je perds patience. Offrir *seulement* de la sympathie aux personnes qui viennent nous consulter, aussi justifiée soit-elle, est une marque de gentillesse déplacée. Ce que je « vends » vraiment, c'est de *l'espoir*. Si, après de longs efforts, je n'arrive pas à convaincre le patient/client d'« acheter », je nous fais perdre notre temps en insistant.

5. C'est le moins impliqué des deux qui a le contrôle de la relation

Les mariages dont j'ai connaissance vont très mal. Ils ont pour point commun d'être devenus des luttes de pouvoir entre partenaires ; en fait, presque tous semblent l'avoir été dès le départ. Derrière des prétextes banals – l'argent, les enfants, le sexe –, l'affrontement a généralement pour causes profondes un manque de respect de soi et des attentes non satisfaites.

L'amour romantique est l'idée que nous avons en tête quand nous partons à la recherche d'un partenaire. Ce paradis sur terre, une illusion largement partagée, est au cœur de la plupart des fictions que nous consommons sur ce que veut dire « atteindre le bonheur » Dans les premiers contacts et en décidant de se choisir mutuellement, nous accordons une grande importance à l'attirance sexuelle, fortement combinée avec une espèce d'égoïsme éclairé qui évalue l'autre en fonction d'une grille de qualités et d'accomplissements : son éducation, ses revenus, les intérêts qu'on partage avec la personne, la confiance qu'on peut avoir en elle et sa philosophie de la vie. Pour chacun, déterminer en fonction de ces critères le profil du futur élu engendre un certain nombre d'attentes. C'est quand celles-ci ne sont plus satisfaites, au fil du temps, que le couple se dissout.

Cette façon de formuler peut paraître excessivement analytique et ne pas tenir compte du mystérieux processus en jeu lorsqu'on « tombe amoureux » En effet, au regard de mon expérience, le choix d'une personne au détriment de toutes les autres relève plus de la chimie que de l'union indéfinissable mais profonde de deux âmes. Rétrospectivement, cette chimie peut se définir comme la combinaison de plusieurs éléments : être prêt à la rencontre, désirer la personne rencontrée et espérer quelque chose. Je me laisserais plus facilement convaincre par l'idée des deux âmes s'il existait davantage de preuves que ce type d'union peut perdurer.

Parmi les évolutions les plus inquiétantes et les plus révélatrices du mariage moderne figurent la popularité croissante des contrats de mariage. Jadis réservés aux très riches, ils sont devenus courants lorsque les fiancés ont accumulé des biens, avant le mariage, qu'ils ne veulent pas mettre en commun.

Les raisons pour lesquelles on ne fait pas entrer les biens acquis avant le mariage dans le patrimoine commun paraissent parfaitement valables au prime abord. Souvent, chaque membre du couple a des enfants d'une précédente union qu'il ne veut pas voir priver de leur héritage. La plupart ont connu un divorce coûteux sur les plans financier et affectif ; ils sont au courant des statistiques : les deuxièmes (ou troisièmes) mariages ont un taux d'échec encore plus élevé que les premiers.

Il n'en est pas moins décourageant de voir deux êtres prêts à unir leurs vies se conduire comme s'ils achetaient une voiture d'occasion. Nous passons par un contrat avec des gens en qui nous n'avons pas confiance, pour être protégés au cas où ils voudraient profiter de nous. Mais il faut avoir une opinion terriblement cynique du couple pour en arriver à de tels arrangements avec une personne que nous prétendons aimer. Cela revient à prédire un échec. Et, à force de l'attendre, il devient souvent réalité.

La lente évolution de la loi a permis à l'« incompatibilité d'humeur » et au « divorce sans faute » de remplacer les motifs plus traditionnels jusqu'ici exigés pour mettre un terme à un mariage. Néanmoins, la nécessité de justifier la séparation engendre souvent un climat de tensions où chaque personne rejette la responsabilité sur l'autre et s'efforce de mettre la morale de son côté – avec des résultats particulièrement malheureux pour tous les enfants impliqués.

Quand un couple devient progressivement étranger l'un à l'autre, il s'agit rarement d'un processus symétrique. En général, une des parties éprouve moins d'affection que l'autre et a moins d'égards. Elle tente ainsi, semble-t-il, de s'assurer la maîtrise de la relation. Cela réussit quand l'un des époux s'investit davantage dans la réconciliation et se montre beaucoup plus inquiet de la perspective d'une rupture. Si je fais remarquer à un patient que son partenaire ne partage pas l'intensité de sa détresse et que c'est la raison pour laquelle il a, lui, l'impression de « perdre le contrôle » il ne tarde généralement pas à identifier d'où vient la difficulté de sa situation. *S'il faut deux personnes pour former un couple, il en suffit d'une pour le briser.*

Quand je lis les faire-part de mariage, quand je contemple le visage souriant de jeunes fiancés, je comprends qu'on ne leur dise pas que, selon toutes probabilités, leur mariage n'a qu'une chance sur deux de durer. Qu'est-ce qui leur fait croire qu'ils seront gagnants à ce jeu de pile ou face ? Il est inconcevable de poser une telle question à des jeunes gens rayonnant d'un bonheur tout neuf et on ne la pose donc pas. C'est ainsi qu'on les prépare à être déçus et trahis. Un acte d'un extrême optimisme, ou de courage, ou de bêtise, selon le point de vue adopté, est invité à poursuivre sa course pleine de promesses, tandis que la voix de la destinée reste muette.

6. *Les comportements conditionnent les sentiments*

Les gens qui viennent consulter un psychothérapeute le font dans l'espoir de changer leur perception de la réalité. Qu'ils luttent contre la tristesse qui les envahit quand ils sont déprimés, contre l'envahissante tristesse de la dépression ou contre les manifestations débilitantes de l'angoisse, ils cherchent un soulagement, un retour à la normalité. Des émotions qu'ils souhaiteraient pouvoir réprimer font irruption dans leur vie, à des moments particulièrement déterminants. Souvent ils ne peuvent plus remplir leurs obligations professionnelles et ils n'ont plus de plaisir lorsqu'ils sont avec ceux qu'ils aiment. Leur aptitude au plaisir est sérieusement réduite : ils envisagent tout avec un implacable sérieux, ils ne savent plus rire.

La plupart des gens savent ce qui est bon pour eux, ce qui les fera aller mieux : l'exercice physique, leur passe-temps préféré, la compagnie des personnes auxquelles ils tiennent. Ils n'évitent pas ces plaisirs par ignorance de leur valeur, mais parce qu'ils n'ont plus la « motivation » de s'y livrer. Ils attendent d'aller mieux. C'est souvent une longue attente.

Nous pouvons toujours essayer, *nous ne contrôlons pas ce que nous ressentons ou ce que nous pensons.* Tous les efforts dans ce sens ont invariablement des résultats frustrants, car lutter contre des pensées et des émotions importunes ne fait que les exacerber. Heureusement l'expérience nous a appris que certains comportements nous apportent plaisir et satisfaction. Ils nous offrent une chance de sortir de l'impasse où nous enferment l'inaction en même temps que le désespoir et l'impression d'absurdité qui lui sont associés. Quand des patients me disent qu'ils se sentent impuissants et privés d'énergie, je leur fais remarquer qu'ils ont réussi à sortir du lit, à s'habiller et à prendre leur voiture pour venir me voir. S'ils en sont capables, ils sont forcément capables d'autres actions bénéfiques à leur bien-être.

Quand ils répliquent, à juste titre, qu'il est difficile de faire des choses dont on n'a pas envie, j'en conviens et demande si « difficile » a pour eux le même sens qu'« impossible » Très vite, nous passons à des sujets comme le courage et la détermination. On associe rarement ces qualités à la psychothérapie ; elles sont pourtant indispensables à tout changement substantiel dans notre façon de vivre. Demander à quelqu'un d'avoir du courage, c'est attendre de lui une nouvelle manière de considérer son existence.

Mais tout changement impose de tenter des expériences, ce qui entraîne toujours le risque d'un échec. Une autre question revient souvent dans ma bouche : « Pour quoi vous économisez-vous ? » Notre compassion pour les personnes anxieuses et dépressives, tout comme nos efforts pour les soigner et pour éviter qu'elles ne soient stigmatisées par les troubles dont elles souffrent nous ont conduit à considérer ces troubles comme des maladies physiques nécessitant un traitement médicamenteux. Il est vrai que la nouvelle génération d'antidépresseurs s'est avérée remarquablement efficace. Le défaut de l'approche médicale, c'est que la maladie, dans notre société, fait de nous des êtres irresponsables. On est infantilisé, parfois immobilisé dans un lit d'hôpital, et invité à ne rien faire en attendant que le remède agisse. Sans qu'on ait commis une faute, on a temporairement perdu le contrôle de sa vie et l'on se retrouve cantonné à un rôle passif, dans l'espoir d'une guérison que la médecine ne tardera pas à nous apporter. Pendant que ce processus suit son cours, personne n'attend grand-chose de nous. Cette position peut malheureusement se révéler contre-productive.

Il n'est pas difficile de voir comment nous nous sommes mis dans ce pétrin. La prédisposition à de nombreux désordres psychoaffectifs possède manifestement une base génétique. Par exemple, l'alcoolisme se transmet au sein des familles. Il provoque des modifications organiques catastrophiques pouvant entraîner la mort si l'on n'arrête pas de boire, mais peut-on pour autant le qualifier de *maladie* dans le même sens que la pneumonie ou le diabète ? Et dans ce cas, est-il juste d'attendre des buveurs invétérés qu'ils règlent eux-mêmes leur problème d'alcool ou doit-on plutôt les considérer comme démunis face à leur maladie ?

Les traitements efficaces contre l'alcoolisme ou contre d'autres formes de dépendance ont démontré que la personne intoxiquée était obligée de FAIRE quelque chose, à savoir refuser de boire ou de se droguer, afin d'exercer une maîtrise sur son état. Le moyen le plus efficace d'y parvenir est de profiter du soutien collectif offert par les Alcooliques Anonymes ou les Toxicomanes Anonymes. Ces associations ont pour credo essentiel qu'il revient à l'individu concerné d'arrêter, et que cette responsabilité ne peut être ni esquivée, ni discutée, ni déplacée sur une autre personne.

Ceux qui vivent avec une personne alcoolique pensent que l'alcoolisme est une maladie comme une autre et ils sont prisonniers de ce modèle. S'il s'agit bien d'une maladie dont souffre celui ou celle qu'ils aiment, jusqu'à quel point est-il juste d'exiger de lui ou d'elle l'abstinence ? Il en va de même d'autres désordres psychoaffectifs. Il est clair, par exemple, que les maniaco-dépressifs, sujets à des variations d'humeur assez démoralisantes, souffrent d'une affection organique. Est-il alors raisonnable d'insister pour qu'ils prennent des médicaments régulateurs de l'humeur, traitement prescrit pour leurs troubles, ou faut-il accepter comme inévitables leurs écarts de jugement, symptôme le plus flagrant de leur maladie ?

Et que dire des personnes dont les troubles de la personnalité se caractérisent par la répétition de comportements inadaptés qui les conduit à l'impulsivité, à la malhonnêteté ou à l'instabilité émotionnelle ? Sont-elles aussi des malades méritant l'indulgence que nous réservons à ceux qui n'ont pas la possibilité de se sortir d'affaires tout seuls ?

Il existe toute une gamme de problèmes comportementaux qui se caractérisent par une attitude irresponsable chez le sujet concerné, à l'instar de la maladie physique. Curieusement, ils sont souvent désignés par des sigles anglo-saxons. La personnalité multiple, ou MPD (*Multiple Personality Disorder*), que l'univers perpétuellement mouvant du diagnostic psychiatrique appelle désormais trouble de l'identité dissociée, ou DID (*Dissociative Identity Disorder*), en a longtemps été l'exemple type. Popularisée par des films comme *Les Trois Visages d'Ève* ou *Carrie*, elle se caractérise par la cohabitation d'au moins deux personnalités distinctes chez le même sujet, qui prennent, à tour de rôle, le contrôle de son comportement. Dieu merci, elle est désormais moins en vogue qu'il y a quelques années. Il s'agit presque certainement d'un état induit par des psychothérapeutes chez des patients très influençables, mais elle continue d'avoir des partisans. Souvent avancée comme argument par la défense, pour expliquer le comportement irresponsable d'un présumé coupable, elle est en général traitée sans ménagement par des jurés dont le bon sens l'emporte sur l'avis des « experts » poussés à l'utiliser.

Un exemple actuellement plus courant d'engouement diagnostique nous est offert par le trouble déficitaire de l'attention chez l'adulte. Désormais, les rêveurs brouillons atteints de procrastination font partie de la nosologie médicale ; on leur administre, en plus, des stimulants, traitement efficace s'il en est. Tous déclarent se sentir mieux et abattre plus de travail après avoir pris une amphétamine. À cela, je réponds que *moi aussi*...

Là où je veux en venir, c'est qu'en ne voulant plus stigmatiser les véritables maladies mentales (dépression profonde, schizophrénie, psychose maniaco-dépressive) nous avons multiplié les diagnostics qui se résument, en réalité, à des descriptions de comportements. Le fait que des médicaments psychotropes semblent agir sur certains d'entre eux contribue à nous persuader qu'il s'agit de « maladies » Par exemple, on a depuis longtemps constaté que certaines femmes victimes de violences conjugales ont du mal à se séparer de leur bourreau à cause d'une tendance à la dépendance. En baptisant ce trait « syndrome de la femme battue » nous sous-entendons que ces femmes sont incapables de changer quoi que ce soit à leur sort et qu'elles n'ont pas le même degré de responsabilité que les autres dans leurs actes.

Ce n'est pas difficile de voir pointer l'insulte sous cette supposition. Elle va de pair avec l'indulgence que nous réservons aux enfants ou aux handicapés physiques. Nous avons créé tout une échelle de diagnostics qui reconnaît les troubles d'ordre psychoaffectif comme une invalidité et, en tant que telle, donne droit à une aide de l'État, au même titre que pour les personnes condamnées au fauteuil roulant. Cela est justifié pour les victimes de véritables maladies mentales qui les privent du contact avec la réalité ou les soumettent à d'incontrôlables variations d'humeur. Qualifier de « handicapés » des individus qui mangent trop, boivent trop ou se droguent, ou qui ont simplement besoin de médicaments pour contrôler leur anxiété, c'est les empêcher de prendre la responsabilité de résoudre eux-mêmes leurs problèmes. Cela contribue à entamer de manière irréversible l'estime de soi, qui définit le fait d'être un individu libre sur terre, capable d'affronter et de vaincre l'adversité.

Comme cela se produit avec d'autres formes d'assistance, verser une pension à des adultes qui se sentent incapables de faire face, c'est les conforter dans leur opinion, tout en leur donnant un puissant motif de renoncer à leur autonomie et au sentiment de posséder des compétences. Autrement dit, un tel système sape l'estime de soi de ceux qu'il est supposé aider. Il les entretient dans une dépendance et une impuissance dont il est l'origine. Aux États-Unis, il suffit, pour entrer dans ce jeu, d'un mot de son médecin. Il faut avoir ensuite la patience d'attendre qu'une gigantesque bureaucratie certifie votre invalidité. Des avocats, inutile de le dire, se tiennent prêts à accélérer le processus.

C'est notre détermination à surmonter la peur et le découragement qui constitue le seul antidote efficace contre notre sentiment d'impuissance face à des émotions importunes. Certaines personnes sont de toute évidence génétiquement plus prédisposées que d'autres à ces états pénibles. Même si la pharmacopée apporte un soulagement notable, voire parfois salvateur, cela ne supprime pas l'obligation qui leur est faite de changer leur comportement, de manière à avoir un plus grand contrôle sur leur existence.

Un sentiment de honte et de culpabilité accompagne généralement la position de victime. C'est vrai dans le cas d'immenses catastrophes collectives (avoir subi l'esclavage, être rescapé de l'Holocauste) comme lors d'épreuves individuelles (être victime d'un crime, contracter une maladie). Face à cette souffrance, la frontière est ténue entre adopter une attitude empathique et solidaire ou cautionner une dépendance passive.

7. La fortune sourit aux audacieux

Pendant ma jeunesse, j'ai passé du temps à la guerre. Je me suis engagé au Viêtnam pour diverses raisons, mais principalement pour tester mon courage. J'étais également déprimé à l'époque, et sans doute que l'envie de mourir n'était pas étrangère à ma décision. En tout cas, j'étais pour la guerre. Il fallait bien arrêter le communisme quelque part, ou du moins je le croyais. Enfin, je venais d'entamer une carrière dans la médecine militaire et avoir l'expérience du combat aiderait à mon avancement.

À peine promu chef d'escadron, je fus nommé chirurgien au 11e régiment de cavalerie blindée (*Blackhorse*), un corps de 5 000 hommes opérant au nord-ouest de Saïgon. Son commandant s'appelait George S. Patton III. Vous avez peut-être entendu parler de son père.

J'ai fait de mon mieux pour m'intégrer. J'ai passé beaucoup de temps dans des hélicoptères, dont certains essuyèrent des tirs ; j'ai même été décoré pour avoir tiré deux soldats ennemis d'une situation difficile. Mais plus je voyais cette guerre de près, moins j'étais fier d'y participer. Notre intervention laissait ce pays et ses habitants dans un tel état de désolation qu'il était absurde de prétendre combattre pour défendre leurs intérêts. En plus, nous n'avions pas beaucoup de respect pour eux. Ils étaient des « Viets » des « yeux bridés » ou des « jaunes ». J'ai fini par ne plus le supporter. Et nos pertes étaient astronomiques. Le nombre de victimes américaines a fini par atteindre le nombre de 58 000. Un mur de granit noir, à Washington, porte les noms de ces soldats.

Je me souviens du moment où j'ai su que nous allions perdre. Comme nous supportions mal nos déconvenues et que les Viêt-côngs se montraient toujours plus insaisissables, nous avions mis au point une technique ultrasecrète permettant de repérer la moindre concentration de troupes ennemies. Elle consistait en l'utilisation d'un « renifleur » un appareil sensible à l'ammoniaque présente dans l'urine. On le suspendait à un hélicoptère pour survoler la jungle à basse altitude. Quand l'appareil détectait un fort taux d'ammoniaque, l'artillerie pilonnait la zone. Un soir de 1968, j'ai assisté à une réunion de fin de journée au cours de laquelle un capitaine d'infanterie décrivait une reconnaissance dans la jungle. Il racontait comment lui et ses hommes étaient tombés sur des seaux d'urine accrochés à des arbres ; ils n'en étaient pas revenus et le mystère restait entier pour eux. Patton et son officier de renseignements se sont regardés, mortifiés : c'étaient des seaux d'urine qu'ils bombardaient dans tout le Viêtnam, à coup d'obus valant chacun 250 dollars. La plaisanterie paraît plus drôle aujourd'hui.

En tout cas, pour moi c'en était trop. Le dimanche de Pâques 1969, lors d'une cérémonie de passation de commandement donnée en l'honneur du colonel Patton, j'ai circulé parmi les invités pour leur distribuer un texte que j'avais écrit la nuit précédente. Je l'avais intitulé « La Prière des *Blackhorse* » :

« Notre Père qui êtes aux cieux, écoutez notre prière. Conscients de nos faiblesses, nous implorons Votre aide pour devenir de meilleurs soldats à Votre service. Ô Seigneur, accordez-nous de quoi accomplir Votre œuvre plus efficacement. Donnez-nous une arme qui tire dix mille balles à la seconde, un napalm qui brûle une semaine durant. Aidez-nous à semer la mort et la destruction partout où nous allons, car nous agissons en Votre nom, et notre mission est donc juste et sanctifiée. Nous vous remercions de cette guerre, pleinement conscients qu'elle n'est pas la meilleure des guerres, mais qu'elle vaut mieux que pas de guerre du tout. Nous nous souvenons des paroles du Christ, "Je ne suis pas venu apporter la paix, mais l'épée" et nous faisons serment de suivre Son exemple en tout. N'oubliez pas les plus humbles de Vos enfants car ils se cachent de nous dans la jungle. Faites qu'ils obéissent à notre main miséricordieuse afin que nous mettions fin à leur souffrance. En tout, ô Seigneur, assistez-nous, car nous effectuons notre noble tâche en sachant que, sans Votre aide, nous ne pourrions éviter la paix, cette catastrophe qui ne cesse de nous menacer. Tout cela, nous vous le demandons au nom de Votre fils, George Patton. Amen. »

Il y avait là des gradés de haut rang, dont le général Creighton Abrams, le commandant des forces américaines au Viêtnam. Il y avait aussi beaucoup de journalistes. L'un d'eux demanda à Patton si c'était la prière officielle de l'unité.

Je fus mis aux arrêts, le temps qu'une enquête décide si je méritais ou non la cour martiale. La réponse fut non.

Il n'aurait pas été opportun de juger un diplômé de West Point en mesure d'apporter un témoignage direct sur des crimes de guerre. Je fus donc rapatrié pour avoir fait honte à mon commandement. J'ai alors démissionné de l'armée et œuvré ensuite avec beaucoup d'autres à la paix. Nous n'y sommes pas parvenus tout de suite. Il a fallu encore quatre années et 25 000 victimes américaines de plus, avant que les derniers soldats des États-Unis ne quittent définitivement le territoire.

Vingt-six ans plus tard, je suis retourné au Viêtnam en compagnie de dix-sept membres de mon ancienne unité et de mon fils Michael, que j'avais recueilli bébé là-bas, dans un orphelinat. Nous avons visité les sites où nous avions vécu et combattu. Cela paraît si lointain maintenant ! Nos guides comptaient d'anciens soldats nord-vietnamiens et Viêt-côngs qui, eux aussi, avaient leurs propres souvenirs de la guerre. Ils se montraient amicaux et accueillants. C'était plus facile pour eux, je suppose : ils avaient gagné. Pratiquement toute trace de notre présence avait disparu. Notre plus grande implantation, à Long Binh, était en train d'être aménagée en parc industriel.

La moitié de la population actuelle du Viêtnam n'était même pas née à l'époque. Les jeunes que nous avons rencontrés, pendant nos visites sur les lieux de nos combats, ont dû se demander ce que nous cherchions, ne sachant rien de ce qui hantait notre mémoire. Nous portions sur nos épaules le fardeau du temps et du destin. Nos cœurs étaient lourds du souvenir de ceux qui ne reviendront pas et dont l'existence est perdue pour tous, excepté pour ceux qui les avaient aimés.

Quand je suis revenu sur le site où, en ce dimanche de Pâques 1969, eut lieu cette cérémonie de passation de pouvoir, je me suis souvenu de la colère, du doute et de la peur que j'éprouvais alors et qui m'ont, à l'aide d'une prière, fait revenir à la vie.

8. *La perfection est l'ennemi du bien*

Nous consacrons beaucoup de temps, d'énergie et d'efforts à tenter de maîtriser ce qui nous arrive au cours de notre existence, ce sur quoi nous n'avons aucune certitude. La sécurité qu'on nous apprend à rechercher et qui nous échappe sans cesse est fondée principalement sur l'acquisition de biens matériels et sur les moyens mis en œuvre pour les obtenir. Tôt dans l'existence, on nous met sur des espèces de rails, avec l'idée implicite qu'il n'y a qu'à réussir pour être heureux et à l'abri du besoin.

L'éducation constitue le principal moyen d'atteindre ce but. Le parcours scolaire, extrêmement stratifié, fournit à chacun sa place dans l'échelle sociale, ainsi que ses chances de s'en sortir ; cela se matérialise par une série d'étapes à franchir nous permettant d'être rassuré sur nos capacités à progresser. Chaque diplôme porte en lui la promesse d'une élévation de statut et d'un accroissement du bien-être économique. Au bout du compte, espérons-le, nous aurons acquis un ensemble de talents spécialisés que nous pourrons monnayer, et nous aurons ainsi les moyens de posséder les objets indispensables à qui veut appartenir pleinement à une société garantissant à ses membres le bonheur.

On nous apprend aussi qu'il est important de construire avec quelqu'un une relation intime qui puisse satisfaire nos besoins fondamentaux (avoir une vie sexuelle, une stabilité financière, des enfants) et de tout faire pour garder une bonne estime de soi et une sécurité affective. Les conseils de nos aînés ont tendance à se centrer sur la réussite économique. Nous sommes livrés à nous-même pour tout ce qui concerne la façon de communiquer avec les autres, en particulier avec le sexe opposé dont les impératifs et les désirs, bien que théoriquement complémentaires des nôtres, nous restent désespérément obscurs.

Les problèmes commencent quand on se met à contrôler la vie des autres dans le but de mieux contrôler la sienne propre. À ce jeu nous arrivons *ex aequo*, tout en étant parvenu à nos fins aux dépens de quelqu'un d'autre.

Nous vivons dans une société qui repose sur la compétition. Nous divisons en permanence le monde entre gagnants et perdants : les républicains contre les démocrates, le bien contre le mal, notre équipe contre la leur. Notre système capitaliste est fondé sur la rivalité ; notre système juridique prospère tant qu'il y a des conflits et que l'intérêt personnel prend le pas sur l'intérêt collectif. Faut-il alors s'étonner que notre philosophie de la vie se résume à cette formule manichéenne : « s'il y a un perdant, il y a un gagnant » ? Un tel point de vue ne peut qu'avoir un effet désastreux sur le délicat processus de construction d'une intimité à deux.

Avoir le contrôle est une illusion courante étroitement liée à la recherche de la perfection. En effet, s'il en allait selon nos rêves, le monde et ses habitants seraient soumis à notre volonté. Nous n'aurions plus à négocier du fait de nos différences, ni à attendre l'issue incertaine de nos propositions, ni à en supporter l'échec ou le rejet. Même si nous finissons par comprendre que la Terre ne tourne pas que pour nous, nous ne ménageons pas nos efforts pour contraindre et manipuler notre entourage, afin de tenter de lui imposer nos vues.

Nous connaissons tous des perfectionnistes. Exigeants envers eux-mêmes et leurs proches, ils ont tendance à se montrer méticuleux jusqu'à l'obsession et, en fin de compte, cela devient aliénant. Ils se méfient des sentiments et préfèrent consacrer leur temps à des choses plus sûres.

Pour défendre le perfectionnisme, on peut dire que les personnes obsessionnelles font tourner le monde. Après tout, qui a envie d'être opéré par un chirurgien un peu trop décontracté ou de monter dans un avion dont la maintenance laisse à désirer ? Pour exceller en quoi que ce soit, il ne faut pas hésiter à soigner les détails (aussi bien pour de bonnes que de mauvaises fins).

Le problème avec les perfectionnistes, c'est que les qualités qui les rendent efficaces au bureau peuvent les rendre insupportables à la maison. J'ai parmi mes patients beaucoup d'ingénieurs, de comptables et d'informaticiens. S'ils éprouvaient moins le besoin de dominer la situation, ils seraient moins efficaces dans leur travail. Le mieux qu'on puisse espérer est de les initier au *paradoxe de la perfection* : dans certaines situations, notamment les relations intimes, nous n'avons le contrôle qu'en renonçant à contrôler.

9. « Pourquoi ? » ou « Pourquoi pas ? » là est la question

Pour changer, il faut commencer par comprendre, au moins un peu, pourquoi on fait les choses. C'est particulièrement vrai si l'on veut échapper à des schémas de comportement à la fois répétitifs et nuisibles. La formule de Socrate, « Une vie sans examen ne vaut pas la peine d'être vécue » ne dit rien d'autre. Que nous soyons si nombreux à ne pas suivre son conseil montre bien à quel point l'examen de conscience demande des efforts et risque de nous mettre mal à l'aise.

Ce qui motive nos actes, notre façon de vivre, est souvent obscur, même si nous pensons agir pour l'essentiel en prenant des décisions conscientes. La contribution majeure de Freud à la psychologie est sa théorie de l'inconscient qui, agissant en deçà de la conscience, influence notre comportement. Beaucoup de gens trouvent effrayante l'idée qu'une grande part de ce qu'ils font répond à des motivations qui leur échappent. C'est particulièrement déconcertant pour qui se voit demander de prêter attention à ses rêves et à ses lapsus pour déchiffrer des pensées et des pulsions auxquelles il préférerait ne pas se confronter. Comme exemple de ces actes manqués, citons le président Nixon qui déclara devant le Congrès, pendant l'affaire du Watergate : « Il est temps de nous débarrasser de notre président discrédité (*discredited president*) » au lieu de « Il est temps de nous débarrasser de notre actuel système d'assistance discrédité (*discredited present welfare system*) » (Ou Condoleezza Rice, qui commença une phrase par : « Comme je le disais à mon mar... Comme je le disais au président Bush... »).

Admettre l'existence, sous la conscience, de désirs refoulés, de motivations et de ressentiments qui affectent notre comportement au quotidien, c'est faire un grand pas vers la compréhension de nos ressorts intimes. Une fois encore, le paradoxe règne. Celui qui nie cette vie intérieure (comme Nixon, qui avait une peur panique des psychiatres) sera pris au dépourvu si, un jour, il perd le contrôle. (Pourquoi avait-il choisi d'enregistrer et de conserver les conversations compromettantes qui mirent fin à sa présidence ?)

Ne pas tenir compte de l'existence de son inconscient peut nous amener des ennuis. Première conséquence : nous sommes surpris de nous retrouver prisonniers de schémas de comportement destructeurs qui nous conduisent à reproduire les mêmes erreurs.

Pour prendre un exemple banal, que penser d'une femme qui choisit pour compagnons des hommes alcooliques et brutaux comme son père ? Ou de l'homme qui quitte plusieurs emplois, toujours pour la même raison, parce qu'il se retrouve en conflit avec l'autorité ? Modifier des comportements contre-productifs pour nous mais bien ancrés demande en premier lieu d'être capable de les repérer. Les gens n'aiment pas faire ça, ils préfèrent dire que ce qui arrive est une coïncidence ou s'intéresser à chaque événement pris isolément de manière à rendre l'autre (le mari, le patron) responsable de ce qui nous arrive. Ainsi, notre sujet en conflit avec l'autorité aura du mal à faire le lien entre ses difficultés professionnelles et, disons, une série d'amendes pour excès de vitesse.

Si les gens répugnent à répondre aux « pourquoi ? » ils ont aussi des problèmes avec les « pourquoi pas ? » Cette question comprend un risque. Et nous sommes tous, à des degrés divers, allergiques à la prise de risque. Pétris d'habitudes, nous craignons le changement. En particulier, quand nous avons peur d'être rejetés, nous avons tendance à nous montrer fragiles et à nous protéger. Contrairement à ce qu'on pourrait croire, l'âge et l'expérience n'atténuent pas cette crainte ; c'est généralement l'inverse qui se produit. Chercher un partenaire amoureux au mitan de sa vie est l'une des entreprises les plus banales et les plus essentielles. Pour beaucoup de gens, c'est une épreuve effrayante, que l'on complique encore en se montrant hésitant et fuyant.

La solitude, quand elle n'est pas choisie, est d'ordinaire associée à la dépression. La popularité des sites de rencontres sur Internet témoigne du besoin de partager sa vie avec quelqu'un. Parce que notre culture encense la jeunesse et la beauté et parce qu'elle dévalue tout ce qui touche à la vieillesse, il devient difficile, passé un certain âge, de se trouver encore désirable et assez sûr de soi pour accepter des rendez-vous galants et envisager des rapports intimes. Même notre vocabulaire nous trahit : « petit copain » et « petite copine » sont des mots qui sonnent bizarrement dans la bouche de personnes entre quarante et cinquante ans.

Face à une situation nouvelle, la question à se poser devrait être « pourquoi pas ? » mais on lui préfère souvent « pourquoi ? » ce qui évite bien des déceptions. On en arrive ainsi à s'inventer des excuses sans fin pour éviter de prendre le risque de se montrer disponible. Beaucoup choisissent de rester seuls plutôt que d'essayer de faire des connaissances, craignant toujours d'être rejetés. « Tous les hommes bien sont mariés » ou « Toutes ces femmes ont tellement d'atouts ! » sont des refrains familiers.

Je demande souvent à ceux que je sens allergiques à l'imprévu : « Quel est le plus grand risque que vous ayez jamais pris ? » Ils commencent alors à prendre conscience du choix de vie qu'ils ont fait : celui de la sécurité. Les classiques mises à l'épreuve – sports de contact, voyages à la dure, formation militaire – leur sont à presque tous étrangers. Notre recherche obsessionnelle de sécurité nous fait perdre quelque chose : l'esprit d'aventure. L'existence est un jeu de cartes, mais ce n'est pas nous qui les distribuons. Nous sommes néanmoins obligés de poursuivre la partie au mieux de nos capacités.

Jamais la mise n'est aussi haute que lorsque notre cœur est l'enjeu. Où apprenons-nous à jouer ? Comment mettre en balance les risques d'erreurs avec la certitude de la solitude, si on choisit de se défausser ? Il n'existe pas d'autre domaine où les extrêmes du cynisme, d'un côté, et de la témérité, de l'autre, rivalisent autant. Contrairement à la plupart des jeux, tout le monde est supposé sortir gagnant de celui-ci. Mener la partie comme s'il s'agissait d'une compétition fait perdre à tout coup. Et pourtant, comment savoir si l'autre personne nous veut du bien ?

Pour gagner, il faut accepter de se mettre en péril, parfois beaucoup. Dans toutes nos autres activités, nous ne nous attendons pas à être bon dès le départ. Tout le monde accepte l'idée d'une progression dans nos apprentissages, jalonnée d'erreurs parfois douloureuses pour acquérir la maîtrise. Personne ne compte apprendre à skier sans faire de chutes. Et pourtant, beaucoup de gens sont surpris d'avoir à tant souffrir dans leur quête d'une personne digne de leur amour.

Prendre les risques indispensables pour atteindre ce but est un acte de courage. Refuser de les prendre, pour se préserver d'un éventuel chagrin, est un acte de désespoir.

10. Nos plus grandes forces sont nos plus grandes faiblesses

Il existe un lien entre la réussite universitaire et professionnelle et certains traits de caractère comme la force de travail, l'attention aux détails, l'application et la capacité à gérer son temps. Les individus dotés de ces qualités font en général d'excellents étudiants et des gens productifs dans leur travail. Ils peuvent aussi être difficiles à vivre.

Réfléchissez-y : les personnes très exigeantes avec elles-mêmes ont tendance à l'être aussi avec leur entourage. C'est une attitude appréciée au travail. En revanche, passer son temps à noter ce qu'on a à faire, être perfectionniste, manquer de souplesse, s'entêter et préférer l'effort au plaisir et à l'amitié ne passe pas aussi bien à la maison, surtout quand nos proches apprécient la complicité, la décontraction et la tolérance.

Il faut être capable de compartimenter sa vie pour réussir dans tous les domaines. Jongler entre nos multiples responsabilités – au travail, vis-à-vis de son partenaire, avec ses enfants, ses amis – relève du défi. Nous nous vivons comme la même personne quoi que nous fassions, mais nos différents rôles exigent de nous des attitudes différentes. Si nous nous comportons en chef d'entreprise dans les décisions que nous prenons en privé, cela risque de susciter mécontentement et résistance de la part de nos proches. À l'inverse, se montrer impulsif, superficiel et jouisseur sur son lieu de travail ne va pas faciliter la réussite professionnelle.

L'une des combinaisons les plus fréquentes dans de nombreux mariages, c'est le couple formé par une personnalité très obsessionnelle (généralement un homme) et une autre plus impulsive et extravertie (généralement une femme). Ces personnes recherchent chez l'autre ce qu'elles n'ont pas elles-mêmes, elles se complètent. L'homme sent que sa vie manque de divertissement et il apprécie chez la femme qu'elle soit moins inhibée, plus spontanée que lui.

La femme voit dans le côté organisé et méticuleux de son compagnon le moyen de modérer ses tendances impulsives. Il est facile de voir pourquoi une telle relation conduit le plus souvent à la déception et à la frustration. (Lui : « Pourquoi ne peux-tu pas être plus sérieuse ? » Elle : « Tu ne sais vraiment pas t'amuser ! »)

Les personnes qui ont une structure psychologique compulsive ont tendance à la dépression, comme quiconque aspire à la perfection dans un monde imparfait. Comment comprendre que les attitudes qui rendent performant au travail soient si mal perçues par les personnes avec qui l'on vit ? Les obsessionnels attachent beaucoup d'importance au fait de contrôler. Dès que ce sentiment de maîtrise est menacé, surgit l'anxiété. Cela les pousse à chercher à reprendre le contrôle, en accentuant les comportements qui ont fait naître le problème au départ. Le conflit qui en résulte produit une frustration et un découragement qui renforcent encore la sensation d'échec.

Une fois encore, s'en tenir à « comment ça marche ? » maintient la thérapie dans un registre utile. Les gens sont interpellés sur un plan pratique plutôt que théorique. Nous adoptons tous une attitude défensive, quand nos convictions profondes sont mises en cause ; c'est la raison pour laquelle les discussions politiques ou religieuses ne mènent en général nulle part. Il est plus facile de persuader quelqu'un de changer d'attitude en ne nous fondant que sur l'aspect pragmatique de ses actes.

Poussés à l'extrême, pratiquement tous les traits de caractères – l'esprit de compétition, le goût de l'ordre et même la gentillesse – peuvent avoir des effets indésirables. Peut-être qu'il s'agit juste d'un argument supplémentaire pour inciter à la modération en tout. Encore faut-il réussir à nous avouer que les qualités dont nous sommes le plus fier peuvent aussi causer notre perte !

Nous sommes ici confrontés aux paradoxes de l'existence et il faut avouer qu'ils ont souvent de quoi perturber. Le conseil bien connu de *se méfier de ce qu'on désire* est un bon exemple. Les désirs que nous avons ressentis pendant notre jeunesse et les amours après lesquels nous avons couru avec tant d'ardeur nous amusent, avec le recul, et nous laissent en même temps des regrets. Où est cette fille dont nous étions si amoureux au lycée ? Même si nous l'avons épousée, elle n'est plus la personne dont nous sommes tombé amoureux ; celle-ci n'est plus qu'un souvenir, comme bien trop souvent les sentiments qu'elle nous a inspirés. Les choses dont nous sommes prêt à jurer qu'elles nous rendront heureux remplissent rarement leur promesse. Le destin, semble-t-il, a le sens de l'humour.

La liste des paradoxes qui jalonnent nos vies est sans fin : la recherche incessante du plaisir engendre la douleur ; le plus grand risque est de n'en prendre aucun. Celui que je préfère dit en substance ceci : *tout, dans la vie, est à la fois une bonne et une mauvaise nouvelle*. Au travail, la promotion tant attendue apporte plus d'argent mais aussi plus de maux de tête ; les vacances de rêve endettent ; l'expérience nous a beaucoup appris, mais on est trop vieux pour en profiter ; les jeunes gaspillent leur jeunesse.

Tout passe, tout lasse. La vie forcément éphémère nous fait un pied de nez. Nos efforts pour apprendre, acquérir, s'accrocher à ce l'on a... sont vains au bout du compte. Le paradoxe final et le plus déterminant se résume ainsi : *accepter pleinement sa mortalité est le seul moyen d'accéder au bonheur dans le temps qui nous est échu*. La force de nos attaches à ceux que nous aimons dépend de notre conception particulière de l'existence ; ni rien, ni personne n'est là pour longtemps, mais pour combien de temps ? Pour être capable d'éprouver le moindre plaisir, il faut soit opter pour l'attitude saine du déni, soit accepter courageusement le poids du temps et la perspective de la défaite finale.

11.

Les pires prisons sont celles que nous nous construisons

Quand nous pensons à la privation de liberté, nous pensons rarement à la manière dont nous nous contraignons nous-mêmes dans nos vies. Tout ce que nous avons peur de tenter, tous nos rêves inassouvis permettent de mesurer l'écart entre ce que nous sommes et ce que nous pourrions devenir. C'est en général la peur et sa cousine germaine, l'anxiété, qui nous empêchent d'accomplir ce qui nous rendrait heureux. L'essentiel de notre existence consiste en des promesses non tenues à nous-même. Ce que nous désirons dans la vie – recevoir une éducation, réussir professionnellement, tomber amoureux – correspond à des aspirations largement partagées. Et les moyens de les satisfaire n'ont rien de mystérieux. Pourtant, souvent, nous ne faisons pas ce qu'il faut pour devenir les gens que nous voulons être.

Il est humain de faire porter la responsabilité de ses échecs sur l'autre. Les parents en prennent une part. Nous accusons le manque de chance, comme si la vie était une loterie et les billets gagnants limités. Le manque de temps et l'obligation de gagner sa vie sont les excuses couramment avancées pour justifier notre inaction. La peur de l'échec engendre une inertie handicapante. *Avoir peu d'ambition évite que l'on soit déçu*.

Nous n'aimons pas nous considérer piégé. Après tout, nous habitons un pays où tout est possible. Des images de réussite nous entourent et des récits de personnages obscurs devenus célèbres, sans posséder souvent un grand talent, fourmillent dans notre culture. Plutôt que de se servir de ces histoires pour garder espoir, la plupart des gens les interprètent comme des signes supplémentaires de leur propre médiocrité. En outre, la facilité apparente avec laquelle ces personnes parviennent à la gloire nous trouble et nous écœure. En réalité, un changement digne de ce nom n'a lieu que dans la lenteur, mais ça ne fait pas bon effet dans une société où tout doit aller vite. Où trouver la détermination et la patience requises pour atteindre nos buts ?

Les conseils ne manquent pas. Les librairies et les magazines débordent de suggestions sur la manière de devenir plus riche, plus mince, plus sûr de soi, moins anxieux, plus séduisant. On pourrait nous croire tous engagés dans mille recettes de développement personnel. Et pourtant les personnes avec qui je parle, celles qui ont le courage de reconnaître qu'elles ont besoin d'aide, continuent de reproduire, à peu de choses près, ce qu'elles faisaient hier et encore l'année d'avant. Mon travail consiste à pointer cet état de fait et à m'interroger avec elles sur ce que demanderaient de véritables transformations de leur comportement.

Avant d'accomplir quoi que ce soit, nous devons pouvoir l'imaginer. Cela paraît facile, mais je m'aperçois que beaucoup de gens ne perçoivent pas le lien entre un comportement et ce que nous ressentons à l'intérieur de nous. J'en attribue la plus grande part de responsabilité à la médecine moderne et à l'industrie de la publicité. Nous nous sommes habitué à l'idée de pouvoir surmonter rapidement et sans grand effort ce que nous n'aimons pas chez nous et dans nos vies. L'existence sur le marché de médicaments qui modifient notre humeur, la possibilité de changer d'apparence grâce à la chirurgie esthétique et de faire des progrès personnels en consommant de la culture, tout cela nourrit le fantasme que le bonheur est à vendre. Malcolm Forbes en a tiré une phrase célèbre : « Si vous pensez que l'argent ne peut pas acheter le bonheur, c'est que vous faites vos courses aux mauvais endroits. »

Ce genre de conviction ne fait qu'ajouter à nos frustrations et nous renferme encore plus dans les prisons que nous nous sommes construites. C'est penser que la vie est comme une loterie. On justifie parfois les jeux d'argent en disant qu'on vend de l'espoir. Les crédules alignés pendant des heures devant des machines à sous à dépenser l'argent qu'ils n'ont pas en trop, sans aucune chance de gagner, discutent sans fin de la manière dont ils vont dépenser leurs millions. Ce n'est pas de l'« espoir » qu'on vend mais du rêve. J'ai tendance à ne pas laisser mes patients s'étendre sur les changements qu'ils vont apporter à leur vie s'ils ne prennent pas de mesures concrètes. Je leur demande souvent s'ils ont l'intention de concrétiser leurs nouveaux projets ou si c'est simplement un vœu. Ce peut être amusant et divertissant de formuler des souhaits, mais on ne devrait pas confondre ceux-ci avec la réalité.

À l'exception des conversions religieuses, tout changement dans nos attitudes et notre comportement est le résultat d'un lent processus qu'on ne remarque pas. Étudiez de près les évasions de prison réussies et vous verrez qu'on y a mis beaucoup d'imagination, des heures de préparation et souvent des mois, et même des années pour gagner la liberté. Nous ne sommes pas obligés d'admirer les gens qui réussissent de tels exploits, mais leur ingéniosité et leur détermination sont une leçon pour tous.

L'un des éléments les plus difficiles à évaluer chez quelqu'un qui souhaite commencer une psychothérapie, c'est son réel désir d'évoluer et la volonté qu'il y met, sachant que cela demande du courage. Certains patients ont d'autres raisons de chercher de l'aide que l'envie de réellement transformer leur existence. Nous vivons dans une société qui a fait de la plainte une des grandes formes d'expression publique. Les victimes de tout poil encombrent les ondes et les tribunaux : violences subies dans l'enfance, fautes commises par d'autres, infortunes diverses. Des comportements tout à fait conscients ont été rebaptisés « maladies » afin que les personnes concernées puissent faire l'objet de pitié et, chaque fois que possible, être indemnisées. On ne sera pas étonné de voir arriver nombre d'entre eux dans les cabinets des psychiatres, s'attendant à trouver dans ce lieu une oreille compatissante et l'indication d'un médicament qui les soulagera de leur souffrance. Souvent, ils vous extorquent un témoignage à l'appui d'un procès en cours ou un arrêt de travail. Ils ne sont pas là pour s'engager dans le processus difficile qui consiste à examiner sa vie, assumer la responsabilité de ses émotions, décider des mesures à prendre pour être heureux et les mettre en œuvre.

Pour clarifier le rôle que je suis prêt à jouer, lors du premier rendez-vous, je fais signer une lettre dont voici un extrait :

« Je n'interviens pas dans les conflits professionnels, les procès, les litiges à propos de garde d'enfant, les évaluations d'invalidité et toutes autres procédures juridiques ou administratives, y compris les justifications d'arrêt de travail ou les demandes de modification des conditions de travail. Si vous avez besoin d'une caution médicale pour une des raisons mentionnées ci-dessus, il vous faut la chercher ailleurs. Je suis ici pour fournir un soutien thérapeutique. »

Les gens s'imaginent que formuler des pensées, des souhaits et des intentions peut produire un véritable changement en eux ; cette confusion entre les paroles et les actes gêne le processus thérapeutique. La confession fait peut-être du bien à l'âme, mais à moins d'être accompagnée d'un changement dans le comportement, elle n'est que paroles en l'air. Nous sommes une espèce douée de la parole et aimons exprimer nos pensées les plus infimes. (Rappelez-vous de la dernière fois où vous avez écouté quelqu'un s'épancher dans un téléphone portable !) Nous attachons une importance excessive aux promesses.

Il m'arrive souvent de relever une contradiction entre ce qu'un patient prétend vouloir et ce qu'il accomplit vraiment. À chaque fois, il se montre surpris, et parfois furieux, que je ne prenne pas pour argent comptant ses intentions mais que je préfère me concentrer sur la seule chose fiable : son comportement.

« Je t'aime » est probablement la phrase qui soulève les plus grands malentendus entre les humains. Nous mourons tous d'envie de l'entendre, tant le message qu'elle livre est fort et réconfortant. Cependant, prononcée seule, sans le comportement amoureux qui devrait logiquement l'accompagner, il s'agit le plus souvent d'un mensonge – ou, plus charitablement, d'une promesse ayant peu de chance d'être tenue.

L'écart entre ce que nous disons et ce que nous faisons ne prouve pas que nous sommes hypocrites car nous croyons en général en nos bonnes intentions. Nous accordons simplement trop d'importance aux mots, les nôtres et ceux des autres, et pas assez aux actions qui nous définissent réellement. Les murs de nos prisons personnelles renferment tout à fois notre peur du risque et le rêve qu'un jour le monde et ses habitants se conformeront à nos vœux les plus chers. Il est dur de laisser partir une illusion qui réconforte, mais plus dur encore de construire son bonheur sur des perceptions et des croyances en décalage avec la réalité qui nous entoure.

12.

Qu'il est dur de s'intéresser aux problèmes des personnes âgées !

La vieillesse donne des droits, c'est souvent sous cet aspect qu'on la considère. Après de longues années de labeur, le retraité est supposé avoir droit aux loisirs, à une couverture sociale et à la carte Vermeil. Ces avantages lui offrent toutefois de bien maigres compensations tant le statut des personnes âgées est dévalorisé par ailleurs. On considère les vieux comme des infirmes du corps et de l'esprit, et l'on envisage rarement qu'ils puissent apporter une contribution quelconque à la société, si ce n'est en consommant.

Notre volonté de les isoler dans des institutions ou dans des clubs du troisième âge en dit long sur le peu de considération que nous leur témoignons. Nous sommes convaincus qu'ils n'ont pas grand-chose à nous apprendre et nous faisons tout pour avoir le moins de contact possible avec eux. Comme on le constate chez beaucoup de minorités, le fait qu'ils participent eux-mêmes à leur ségrégation montre à quel point ils se sentent stigmatisés. Qu'ils puissent encore conduire – c'est-à-dire conserver une autonomie – est un sujet de plaisanterie et fait occasionnellement partie de préoccupations officielles. (Savez-vous qu'en Floride les voitures neuves sont désormais équipées d'un appareil qui fait automatiquement tourner le véhicule si un clignotant reste en action plus de vingt secondes ?) Notre lutte contre le vieillissement fait prospérer l'industrie du cosmétique au chiffre d'affaires annuel de 122 milliards d'euros, une somme bien supérieure au budget d'autres priorités nationales comme l'éducation, l'entretien des routes ou la défense. Le développement de la chirurgie esthétique, la banalisation des injections de toxine botulique, malgré le risque d'en ressortir défiguré, et l'aversion généralisée pour les rides ou la calvitie... tout ceci laisse supposer que le processus normal du vieillissement provoque chez les gens une terreur proche de la panique.

Ce qui nous fait peur, c'est notre disparition, et les marques de l'âge nous rappellent, de façon importune, que nous sommes mortels. En rejetant nos aînés et en effaçant les signes de notre vieillissement, nous réagissons à la peur naturelle de disparaître qui tourmente les humains depuis la nuit des temps. C'est une farce à l'échelle cosmique. Le destin, Dieu ou quiconque qui tire les ficelles semble avoir dit : « Je vous donne le pouvoir de dominer sur toutes les autres formes de vie, MAIS vous serez la seule espèce capable d'envisager sa mort. »

Et quelle est la réaction des personnes âgées à cette marginalisation et à cette dévalorisation ? La colère. Alors qu'elles doivent déjà supporter tout ce qui vient avec l'âge – une diminution de la libido, une santé déclinante, la mort d'amis de longue date, une perte progressive de l'acuité intellectuelle –, il leur faut en plus endurer au quotidien le dédain que la société réserve aux individus sans pouvoir ou sans emploi rémunéré.

Et il ne leur reste donc plus qu'à se plaindre. Dans l'organisation complexe de notre société, chaque groupe se voit assigner un rôle. Il revient par exemple aux adolescents de nous imposer leurs imprudences au volant, leurs éclats de voix et leur usage immodéré d'expressions comme « c'est cool » « c'est chelou ». Nos anciens ne paraissent parfois être là que pour agacer le reste de l'humanité par leur lenteur avec le récit de leurs problèmes de santé.

La vie a un côté symétrique : en vieillissant, on retombe lentement en enfance. Ce retour à un état égocentrique et dépendant est déprimant pour toutes les personnes concernées. Comment et à quelle vitesse cela arrive éclaire sur ce que nous avons appris au cours de nos années ici-bas. L'une des raisons pour lesquelles nous avons peur de vieillir, c'est que l'exemple donné en général par ceux qui sont partis avant nous est assez désastreux. Sauf exception, les familles avec qui je discute considèrent leurs parents âgés comme un fardeau et elles n'envisagent pas qu'ils puissent avoir quelque chose à offrir aux jeunes en guise de sagesse et d'expérience. Il y a une raison à cela : *les personnes âgées passent souvent leur temps à se lamenter sur elles-mêmes*.

Beaucoup de gens d'âge mûr parlent de leurs parents avec un sentiment d'obligation auquel se mêle le découragement. Vieillir peut faire sombrer dans la dépression et on refuse souvent de la traiter chez les personnes âgées. Des explications à deux sous remplacent un avis médical : « Moi aussi, je serais déprimé, si j'étais aussi décati. » Or, les dépressifs ont tendance à se centrer sur eux-mêmes, à être irritables et désagréables avec leur entourage.

Comme on n'attend plus grand-chose de part et d'autre, une espèce de statu quo s'installe ; les vieux jouent leur rôle d'éternels ronchons auprès de jeunes qui les écoutent à contrecœur et essaient de remplir leur devoir vis-à-vis de leurs parents et grands-parents, en évitant au maximum les relations authentiques. La ségrégation des vieux vivant aujourd'hui séparés des jeunes et le placement tant redouté en maison de retraite sont deux indicateurs courants de l'exclusion et de la marginalisation qui accompagnent le grand âge.

La stratification de la société en tranches d'âge divise les gens de manière encore plus rigide que l'éducation, l'argent et l'appartenance sociale. Les « seniors » encore raisonnablement actifs acceptent de migrer vers des climats plus chauds où ils forment des communautés de retraités d'où sont souvent exclues les personnes en dessous d'un certain âge, généralement cinquante ans. La Floride et le Sud-Ouest sont leurs destinations les plus courantes aux États-Unis.

Cette ségrégation que les « seniors » organisent eux-mêmes leur permet de s'adonner à des activités qui ne demandent pas un gros effort intellectuel et qu'on associe au fait de vieillir : le loto, le rami, le golf et la gymnastique qui consiste, on dirait, en des mouvements trop lents pour avoir le moindre effet sur le corps. Il en résulte que les contacts avec la jeune génération sont pratiquement inexistants en dehors des visites obligatoires de la famille. Fait également défaut la stimulation intellectuelle qui, on l'a prouvé, peut retarder l'apparition de la démence sénile.

La plainte (pouvant laisser entendre l'abandon), qui est le registre habituel des personnes âgées, porte un tort considérable au dialogue entre générations. Je connais beaucoup de gens qui redoutent les appels téléphoniques de leurs parents, et notamment la réponse que ceux-ci donnent à la question : « Comment vas-tu ? » Que peut-il y avoir de moins intéressant et de plus débilitant qu'un chapelet de bobos, de douleurs et de difficultés intestinales débité avec la hargne de celui qui sait que ce dont il souffre n'est pas guérissable et n'ira qu'en empirant ?

Selon moi, devenir parent est un engagement volontaire qui n'entraîne pas de réciprocité de la part des enfants : ceux-ci n'ont pas l'obligation de conformer leurs vies aux attentes de leurs géniteurs, ni d'écouter d'interminables jérémiades sur les ravages du temps. En fait, je suis d'avis que les vieux ont le devoir de subir les dommages du temps avec autant de grâce et de courage qu'ils peuvent en rassembler ; ils doivent éviter d'imposer leurs problèmes à ceux qui les aiment.

Tout au long de leur vie, l'une des tâches principales des parents consiste à donner aux enfants confiance en l'avenir. En dehors de toutes leurs autres responsabilités, le plus beau cadeau qu'ils puissent faire à la génération suivante, c'est la convaincre qu'il est possible d'atteindre le bonheur malgré les souffrances et les incertitudes inhérentes à l'existence. Comme toutes les valeurs que nous souhaitons enseigner à nos enfants – l'honnêteté, l'importance de l'engagement, le souci de son prochain, le respect, l'amour du travail –, l'espoir, la plus précieuse de toutes, est transmise par l'exemple.

Beaucoup de personnes âgées éprouvent la sensation désagréable d'être invisibles. Les vendeurs les ignorent dans les magasins, la culture populaire leur propose des modèles de vieux à qui s'identifier bien peu désirables, les personnes de leur famille ne les appellent et ne leur rendent visite que par obligation. Surtout, on ne prend plus en considération ce qu'elles ont à dire. C'est ce dernier point, ne plus être écoutées, qui les blesse le plus. La conversation atrocement ennuyeuse que les vieux imposent traditionnellement aux jeunes est une mesure de représailles contre l'impression qu'ils ont de ne plus avoir de poids et d'être hors du coup.

« Vieillir n'est pas fait pour les mauviettes ! » Cette citation de Bette Davis décrit bien la situation difficile que vivent les personnes âgées dans une société obsédée par la jeunesse. Notre dernière tâche consiste peut-être à supporter les coups physiques et psychologiques qui accompagnent la sénescence avec une dignité dénuée d'auto-apitoiement.

Est-il possible de garder espoir face aux injures que le temps inflige ? Le courage n'étant pas une vertu également distribuée parmi les jeunes, on ne peut pas s'attendre à ce qu'elle soit uniformément répartie chez les vieux. Nous la reconnaissons et l'apprécions quand nous la rencontrons. C'est finalement notre aptitude à envisager notre mort imminente avec sérénité qui nous donne l'occasion de montrer notre courage.

Si, au moment où le rideau tombe, nous arrivons à conserver notre bonne humeur et notre intérêt pour les autres, notre contribution aux générations qui nous survivront aura été d'une inestimable valeur. Nous aurons ainsi rempli nos dernières obligations envers eux et aurons été reconnaissants du don de la vie que nous avons reçu sans le mériter et dont nous avons profité si longtemps.

13.

Il n'y a pas de plus grand péril que le bonheur

Les personnes dépressives ont naturellement tendance à se polariser sur leurs « symptômes » : tristesse, perte d'énergie, trouble du sommeil, modification de l'appétit, diminution de la capacité au plaisir. Il est normal qu'elles aient envie de faire disparaître ces causes de souffrance par des médicaments et par une psychothérapie. Il m'arrive néanmoins, en particulier quand mes efforts pour améliorer leur état semblent inefficaces, d'aiguiller l'attention de mes patients sur le fait qu'ils pourraient bien tirer avantage de leur dépression.

L'un des bénéfices, c'est que c'est une position qui rassure. On pourrait en dire autant du pessimisme chronique, qui devance souvent la dépression et en est en même temps une expression. Il est difficile d'enlever aux pessimistes leurs illusions ; ils en ont déjà peu et sont donc à l'abri de déconvenues. Comme ils attendent peu de l'existence, ils sont rarement déçus. Quand je leur fais comprendre que nos attentes, positives ou négatives, sont en général satisfaites, ils se montrent sceptiques tant ils se sont habitués à n'envisager que le pire.

Demander à quelqu'un qu'il renonce à sa dépression est souvent mal accueilli. Être heureux, c'est prendre le risque de ne plus l'être. Tout ce qu'on accomplit et qui a une signification pour nous comporte le risque de l'échec, quand on invente, quand on part en exploration ou quand on est amoureux. Nous vivons dans une société allergique au risque. Une formidable quantité de temps et d'énergie est consacrée à promouvoir la « sécurité » partout. On nous apprend à boucler nos ceintures, à fermer nos portes à clé, à ne pas fumer, à passer un examen de santé chaque année et à consulter nos médecins avant de faire le moindre exercice. Nous nous inquiétons du temps qu'il fera, nous devenons obsédés à propos de la sécurité de nos enfants, nous vivons dans des maisons protégées par des systèmes d'alarme et nous nous armons contre les intrus.

Des menaces que les générations précédentes considéraient comme naturelles, telles que la mortalité infantile, les maladies infectieuses ou les catastrophes environnementales, ne concernent plus les gens aujourd'hui. Nous préférons laisser cette préoccupation à d'autres – les policiers, les pompiers, les militaires, les athlètes – et nous décharger sur eux des périls que nous avons peur d'affronter. Le cinéma et la télévision nous fournissent de l'héroïsme une représentation spectaculaire et nous font vivre par procuration toutes sortes d'excitation ; ils entretiennent en nous une vision déformée de ce que veut dire être courageux. Violence, pouvoir et courage sont inévitablement mêlés dans ces représentations, mais ont peu de rapport avec la vraie vie.

Il est souvent difficile de persuader les gens malheureux de prendre les risques nécessaires pour modifier des attitudes et des comportements contribuant à leur découragement chronique. Ma profession, la psychiatrie, a favorisé ce phénomène en traitant la dépression comme une perturbation moléculaire et en accordant une trop grande place aux solutions pharmacologiques. Nous avons été encouragés sur cette voie, sinon contraints, par les compagnies d'assurance qui n'ont cessé de rogner le remboursement de la psychothérapie.

Et qu'est-ce que la psychothérapie ? C'est un entretien au service d'un but : le changement. C'est ce que veulent les gens qui viennent nous consulter : *changer*. En général, ils veulent modifier leur état émotionnel : ne plus être anxieux, tristes, désorientés, en colère, vides, sans repères. C'est principalement l'interprétation que nous avons de ce qui se passe en nous et autour de nous, de nos attitudes, qui fait naître telle ou telle émotion. Ce n'est pas tant ce qui arrive mais comment nous l'interprétons et comment nous y réagissons qui détermine nos sentiments. Les personnes en difficulté psychoaffective ont pour particularité d'avoir perdu, ou de croire avoir perdu, la capacité de choisir les comportements qui les rendront heureux.

Imaginez une personne tellement envahie par l'angoisse qu'elle ne peut plus vivre normalement. Chaque décision à prendre est évaluée en fonction du niveau d'anxiété qu'elle va faire naître. Au point que, à force d'éviter à tout prix les situations anxiogènes, les choix s'amenuisent, la vie se rétrécit. Ce qui renforce l'anxiété et conduit bientôt à redouter non pas un élément extérieur, mais l'anxiété elle-même. Les gens dans cette situation se mettent à avoir peur de conduire, d'aller faire des courses, parfois même de quitter leur maison. Arrivés à ce stade, certains patients préfèrent se retirer du monde que de se sentir si limités dans leur choix de vie. Le même type de repli accompagne la dépression grave.

Le travail du thérapeute consiste à redonner goût à la vie. Je demande souvent à des patients : « Qu'est-ce qui vous fait envie ? » Si l'angoisse ou la dépression les submerge, ils n'ont souvent pas de réponse. Les plus désespérés, bien sûr, pensent à mettre un terme à leur existence.

Confronté à une personne suicidaire, j'essaie rarement de lui faire changer d'avis. Je lui demande plutôt de réfléchir à ce qui l'a jusqu'ici dissuadée d'en finir. En général, cet examen implique de mettre au jour les liens qui retiennent cette personne à la vie, malgré une souffrance psychique presque insupportable. Il est tout simplement impossible de nier la colère intriquée dans la décision de se tuer. Le suicide est une sorte de malédiction permanente qui menace ceux qui nous aiment. C'est, à n'en point douter, l'affirmation ultime du désespoir, mais c'est aussi l'aveu fait à nos proches que leur sollicitude à notre égard et la nôtre au leur n'ont pas réussi à faire supporter un jour de plus le fardeau de l'existence.

Les personnes en proie au désespoir sont naturellement très préoccupées d'elles-mêmes. Le suicide est l'expression suprême de cet égocentrisme. Au lieu de m'en tenir à la sympathie et à la peur que les personnes suicidaires éveillent dans leur entourage, thérapeutes compris, je crois bon de confronter celles-ci à l'égoïsme et à la colère que sous-entend tout acte d'autodestruction.

Cette approche peut-elle empêcher quelqu'un de se tuer ? Parfois. En trente-trois ans de pratique de la psychiatrie, je n'ai eu qu'un échec. Une jeune mère de deux enfants, sous le coup d'une dépression déclenchée par un divorce douloureux, s'est tuée le jour où elle devait entrer à l'hôpital. Comme elle ne s'est pas présentée à la consultation, je suis allé retrouver la police chez elle et j'ai découvert son corps. Quels que soient les fantasmes que j'avais entretenus toute ma vie sur ma capacité à influer sur la vie d'un être humain acculé au désespoir, je les ai tous perdus ce jour-là.

Et puis, bien des années plus tard, j'ai reçu un appel téléphonique m'annonçant que mon fils adoré, Andrew, venait de mettre fin à trois ans de lutte contre sa psychose maniaco-dépressive. Il s'était tué à l'âge de vingt-deux ans. Encore aujourd'hui, treize années plus tard, les mots ne peuvent contenir le chagrin qui ne m'a plus quitté depuis ce jour atroce. Pour des parents, enterrer un enfant est une offense à l'ordre naturel de la vie. Dans un monde juste, cela ne se produirait jamais ; dans notre monde, cela arrive.

Quand Andrew a renoncé à son long combat contre le désespoir, il a laissé derrière lui beaucoup de gens qui l'aimaient. Dans leurs souvenirs, s'entremêlent la joie qu'il leur a donnée et l'éternelle tristesse de sa mort. En fouillant dans ses carnets, je suis tombé sur une rédaction écrite à l'âge de neuf ans. En voici un passage :

« Il était environ deux heures et demie, et mon père et moi, nous courions depuis plus d'une heure. Nous avancions maintenant contre le vent, et je me suis mis derrière lui pour qu'il me protège. Il y avait deux cents autres coureurs. C'était une course difficile, avec beaucoup de collines pentues. Au cours des derniers quinze cents mètres, nous avons accéléré le rythme et dépassé plusieurs concurrents. Quand nous avons atteint la piste, il nous restait à faire le tour de la moitié du stade, et puis nous avions fini le semi-marathon. »

Il fut un élève merveilleux, délégué de classe au lycée. En deuxième année d'université, il siégeait au conseil des étudiants quand se sont manifestés les premiers symptômes de sa maladie. Il a subi trois hospitalisations ; son humeur oscillait follement entre une désorganisation maniaque et une noire dépression. J'imagine que la perspective d'échapper à l'angoisse a allégé son tourment dans ses derniers instants. Je prie pour qu'il ait enfin trouvé la paix qu'il recherchait. Seul cet espoir m'a permis de supporter ma propre douleur et de continuer à vivre.

Sa maladie est comme un vent glacé qui s'est levé, dont personne ne pouvait le protéger et qui a fini par l'emporter. Il a choisi de nous quitter avant l'heure, mais je sais qu'il nous aimait comme nous l'aimions. Je lui ai pardonné de m'avoir brisé le cœur, imaginant qu'il m'avait pardonné toutes mes erreurs de père. Quand je me souviens de son rire, j'entends les paroles d'une vieille chanson de Tom Paxton :

> « Vas-tu partir sans un mot d'adieu ?
> Aucune trace ne va donc rester ?
> J'aurais pu t'aimer mieux,
> Je ne voulais pas te blesser
> Tu le sais, jamais je n'y ai songé. »

14.

L'amour véritable est la pomme du jardin d'Éden

C'est dans le récit biblique de leur disgrâce et de leur expulsion du jardin d'Éden qu'Adam et Ève ont défini à jamais les traits qui font de nous des humains : la curiosité, la faiblesse et un désir mutuel entre l'homme et la femme, qui dépasse notre loyauté envers Dieu. Qu'avait donc ce fruit qui le rendait irrésistible, qui valait la peine d'échanger un état de pure béatitude, à la fois parfaite et immortelle, contre une vie d'opprobre et de labeur ? (« C'est à la sueur de ton front que tu mangeras le pain. »)

D'une certaine manière, l'homme, dans le cours normal de son développement, reproduit l'histoire de la chute. L'enfance est une série de désenchantements qui font passer du monde de l'innocence à la dure réalité. Une à une s'écroulent nos illusions : le Père Noël, la petite souris, la perfection de nos parents et notre immortalité. Nous abandonnons ces idées d'enfance confortables et rassurantes pour les remplacer par le sentiment qu'à cause d'Adam et Ève la vie est un combat marqué par la souffrance et le chagrin et dont on ne peut même pas espérer qu'il finisse bien.

À bien y réfléchir, il est remarquable qu'au lieu de succomber au découragement et au désespoir face à une telle situation, nous persistions à nous essayer au bonheur, lors de notre bref passage sur terre. Comme le suggère la Genèse, de tous les moyens mis en œuvre pour y parvenir, aucun ne nous en rapproche plus que de nous attacher l'un à l'autre.

Mark Twain, dans sa nouvelle intitulée *Le Journal d'Ève*, lui fait dire après la chute : « Quand je regarde dans le passé, le Paradis m'apparaît comme un rêve. Il était d'une beauté surprenante et enchanteresse. Et maintenant, il est perdu, et je ne le reverrai jamais, jamais plus. J'ai perdu le Paradis, mais je l'ai trouvé, *lui*, et je suis heureuse. »

Personne ne peut, comme moi, avoir sous les yeux quotidiennement le désastre que laisse derrière lui un amour mort, sans devenir quelque peu cynique sur les méthodes employées par certains pour choisir celui ou celle à qui ils vont lier leur existence. J'interroge mes patients : « Cet homme était-il totalement différent au moment où vous avez décidé que vous vouliez vivre avec lui et où vous avez jugé qu'il devait être le père de vos enfants ? Il ne planait vraiment aucune ombre de doute sur sa loyauté, sa constance, ses sentiments pour vous ? » Cette question ouvre la voie à des discussions qui mettent en lumière, encore et toujours, le manque de profondeur et la stupidité de nos jeunes années.

La cause en est peut-être l'absence de bons exemples avec lesquels grandir. Mes patients admirent rarement ce que leurs parents échangeaient en guise d'affection et d'engagement. Souvent, même, ce qu'ils ont observé chez la génération précédente les rend sceptiques sur la possibilité de vivre un amour durable. L'ironie est que l'on puisse tomber amoureux sans avoir à justifier cet attachement. Selon le consensus général, le processus qui nous fait succomber à la séduction d'une autre personne est énigmatique et ne nécessite aucune explication. Les gens parlent d'attraction physique, d'intérêts partagés, d'une mystérieuse « chimie » qui a fait qu'ils sont ensemble et les amène à prendre la décision de partager leurs vies. Leur entourage n'exige rien de plus pour se lancer dans l'organisation complexe et coûteuse du mariage qui célébrera leur vie commune. Quand, en revanche, on cesse d'être amoureux, on vous demande des comptes de façon insistante : « Que s'est-il passé ? De qui est-ce la faute ? Pourquoi n'avez-vous pas trouvé un moyen de vous entendre ? » « Nous ne nous aimions plus » n'est généralement pas une réponse suffisante.

Dans une large mesure, il s'agit d'un problème d'éducation. On pourrait s'attendre à ce qu'un domaine aussi important du comportement humain soit un peu pris en considération à l'école. Simon et Garfunkel, dans leur chanson « Kodachrome » résument ainsi leurs années dans l'enseignement secondaire : « Quand je pense à toutes les conneries que j'ai apprises au lycée, il est étonnant que je puisse simplement penser. » Parmi les enseignements d'un intérêt aussi marginal que la trigonométrie, le dessin industriel et l'inamovible « éducation sanitaire » on en chercherait vainement un sur le comportement humain et sur la personnalité, qui fournirait des informations utiles sur la manière d'éviter les erreurs catastrophiques dans le choix de ses amis et de ses amants [1]. Comme tant d'autres aspects de l'existence, la tâche importante qui consiste à savoir sur qui on va jeter son dévolu pour vivre avec s'apprend en procédant par essai et erreur. Si seulement les essais ne coûtaient pas si cher !

J'imaginerais bien un cours construit autour du thème général de « La recherche du bonheur ». Il commencerait par un débat sur la définition de l'amour. Viendrait ensuite une présentation succincte des troubles de la personnalité qui comprendrait la description psychologique des individus les plus à même de briser un cœur. Le chapitre suivant, intitulé « Les qualités requises pour devenir un conjoint parfait » parlerait de gentillesse et d'empathie, ainsi que des moyens d'identifier ces vertus.

Enfin, nous inviterions, en tant qu'intervenants extérieurs, des personnes faisant l'expérience d'un divorce douloureux, ainsi que des couples vivant ensemble depuis longtemps et heureux. Il faudrait choisir ces derniers avec soin. À entendre les réponses données à l'inévitable question sur « le secret d'un mariage réussi » par des personnes

---

1. NdT : aux États-Unis, les lycéens choisissent eux-mêmes leurs cours parmi un éventail assez large, qui peut varier d'un établissement à un autre.

ayant vécu cinquante, soixante ans ou plus ensemble, il m'a semblé qu'on pouvait mettre en haut de la liste la faculté de supporter l'ennui. Des platitudes comme « Nous ne nous sommes jamais couchés en colère » ou « Nous aimons la modération en toutes choses » traduisent une philosophie plus adaptée à la survie qu'au plaisir. Où se cache, se demande-t-on, l'idée d'un amour sans fin et sans cesse renaissant ?

Si on peut tirer un enseignement de la disgrâce spectaculaire d'Adam et Ève, c'est bien que l'union de deux êtres nous fait oublier tous les désagréments de notre humaine condition : le labeur, « les épines et les chardons » et la conscience sans fin de notre mortalité. Que contenait donc ce fruit défendu qui lui donnait une saveur justifiant la colère de Dieu ? « J'ai perdu le Paradis, mais je l'ai trouvé, *lui*, et je suis heureuse. »

15.

Tout est une question de patience

Les personnes en quête de changement s'imaginent couramment qu'il s'agit de passer d'un état à un autre et que cela s'obtient rapidement. Une fois qu'on a déterminé le programme à suivre, il ne devrait plus y avoir qu'à passer à l'acte. Ce genre de miracles est rare, ce qui en étonne plus d'un.

Les comportements les plus résistants au changement sont de toute évidence les comportements addictifs, qu'il s'agisse d'une dépendance à l'alcool, au tabac ou à d'autres drogues. Dans ces cas, la personne part du principe qu'un processus chimique ralentit ses efforts pour aller vers ce qu'elle sait être meilleur pour elle. Les symptômes de manque, qui se manifestent quand elle veut arrêter de boire, de fumer ou de prendre d'autres substances nocives, confirment sa conviction d'être sous l'emprise d'un besoin physique plus fort que sa volonté et impossible à vaincre sans l'aide d'une assistance spécifique.

Que penser d'autres addictions apparentes comme la boulimie et le jeu (on y a ajouté récemment le sexe et l'achat compulsif) ? La dépendance est manifestement ici moins chimique, mais quiconque a essayé de contrôler ce qu'il mangeait ou de réfréner sa passion du jeu vous dira à quel point cela peut s'avérer difficile.

C'est la force de l'habitude qui est ici à l'œuvre. Ce qui fait de chacun de nous des êtres uniques résulte rarement d'un choix rationnel. Bien sûr, il nous arrive parfois de faire de bons choix pour notre santé comme de faire régulièrement de l'exercice physique. Mais nos mauvaises habitudes s'installent subrepticement sur la durée et deviennent extrêmement difficiles à déloger, même quand elles menacent de détruire nos existences. Parmi ces comportements inadaptés et qui nous sont nuisibles, nous pouvons compter nos modes usuels d'échange avec autrui. Nous réussissons plus ou moins bien à établir et à entretenir des relations, et cela dépend beaucoup de la façon dont nous nous présentons aux autres. La plupart du temps, ce que nous appelons notre « façon d'être » ne résulte pas d'un choix délibéré, mais elle est soit innée, soit issue de notre petite enfance. Comme nous n'en sommes pas conscients, nous ne pouvons guère y changer quelque chose, même si ces traits de personnalité sont plus handicapants qu'autre chose.

Tout processus visant à modifier, même légèrement, des schémas de pensée et de comportement bien ancrés est une entreprise d'envergure qui demandera des efforts d'introspection, de réévaluation et obligera à tenter de nouvelles manières d'être. Une telle transformation prend du temps, y compris dans les meilleures circonstances.

Cela vaut pour tous les autres traits de notre personnalité et pour toutes nos habitudes de comportement qui nous font du tort mais auxquels nous nous accrochons, comme le fait d'être impulsif, hédoniste, narcissique, irritable, ou le besoin de contrôler notre entourage. Imaginer pouvoir corriger de tels traits de caractère du jour au lendemain ou dès que nous en prenons conscience revient à ne pas tenir compte de la force de l'habitude et de la lenteur avec laquelle nous adoptons un autre comportement, à la suite d'une remise en question.

Quand on passe à ce qui peut bouleverser nos vies en un instant, il n'y a pratiquement que du mauvais : appels téléphoniques en pleine nuit, accidents, perte d'emploi ou d'êtres chers, conversation avec des médecins porteurs de mauvaises nouvelles. En fait, si on excepte le but marqué à la dernière seconde, l'héritage inattendu, la chance à la loterie ou la révélation divine, ce qui arrive de soudain n'est jamais porteur de bonnes nouvelles. Pratiquement tout ce que nous entreprenons pour rendre nos vies plus heureuses prend du temps, généralement beaucoup de temps, comme apprendre des choses nouvelles, réformer de vieux comportements, construire des relations de couple satisfaisantes, élever des enfants. C'est pourquoi la patience et la détermination comptent parmi les vertus primordiales de l'être humain.

Dans une société basée sur la consommation, la gratification immédiate est une idée contagieuse. La publicité ne cesse de nous submerger d'images nous présentant le bonheur à travers la possession de biens matériels. Des gens, toujours beaux, prennent du bon temps entourés d'amis nombreux, ce qui laisse supposer que nous pourrions en faire autant si nous achetions la voiture ou la maison qu'il faut et si nous consommions *la* bonne bière. Le but de ces publicités est de nous rendre insatisfaits de ce que nous possédons et de ce que nous sommes. On nous suggère aussi que nous pouvons rapidement remédier à notre mécontentement en dépensant. Faut-il s'étonner que nous soyons presque tous endettés ?

Toute une série de remèdes miracles supposés soigner des maux spécifiquement modernes font aussi l'objet de promotions massives. Le téléspectateur moyen pourrait penser que le pays est en pleine épidémie de dépression, d'allergies diverses, d'arthrite, de reflux gastro-œsophagien. Le moindre éternuement, le moindre bobo est promis à une guérison rapide, si on prend la pilule idoine.

Est-ce l'invention de l'automobile, de l'avion ou du téléphone qui a fait de nous, à un moment donné, des êtres impatients qui escomptent des réponses rapides à toutes leurs difficultés ? Notre prédilection pour la technologie, qui semble si efficace dans le contrôle de notre univers physique, n'a pas eu que des conséquences heureuses quand elle s'est appliquée ailleurs. Pour citer un exemple qui parlera à ceux qui se souviennent des années 1960, en même temps qu'il faisait construire les fusées qui nous emporteraient sur la Lune, John Kennedy nous impliquait dans le plus grand et le plus coûteux de tous les fiascos de l'histoire de l'Amérique : la guerre du Viêtnam. Dans l'histoire du

XXe siècle, c'est à la fois une défaite du cœur, de l'esprit et de la technologie.

On nous encourage néanmoins à croire que, dans nos sociétés occidentales, un régime alimentaire adapté, un peu d'exercice physique et une utilisation judicieuse du Botox® et de chirurgie esthétique peuvent ralentir de façon spectaculaire le processus de vieillissement. Cette quête moderne d'une éternelle jeunesse trahit un refus de notre sort commun. Tenter de supprimer les marques du temps qui font de nous des mortels a quelque chose de superficiel et de désespéré. (Avec l'apparition de ces modes de vie sains, les hôpitaux vont bientôt déborder de vieillards en train de mourir de rien.)

Pouvoir envisager l'avenir fait partie de ce qui nous rend humains. Si nous voulons porter l'horrible poids du temps avec grâce ou résignation, nous devons accepter les pertes inévitables que l'existence nous impose. La première de ces pertes est celle de notre jeunesse. Si vieillir nous apparaît comme une déchéance, la vie devient une entreprise décourageante marquée par des tentatives désespérées de se donner un air et des manières juvéniles. L'expérience accumulée, qui nous apporte des compensations certaines par la connaissance et le recul qu'elle offre, est tenue pour nulle.

Nous avons du mal à fixer notre attention ; les événements vont trop vite. Nous manquons ainsi de recul et nous avons le nez sur le guidon. Ne nous intéressent que les gens pour la plupart jeunes, beaux et riches qui emplissent les pages de nos magazines baptisés avec justesse « people » Si eux, ce sont les gens, selon le sens du mot anglais, qui sommes-nous ? Que signifie être obscur dans un monde préoccupé par la gloire, aussi imméritée soit-elle ? Aussi longtemps que nous nous évaluerons et que nous évaluerons les autres à l'aune de l'avoir et de l'apparence, l'existence ne sera qu'une expérience démoralisante mue par l'avidité, la jalousie et l'envie d'être dans une autre peau.

Construire a toujours été plus long et plus compliqué que démolir. J'ai jadis été soldat. Ce qui m'a détourné du métier militaire n'était pas de ne pas prendre plaisir à tout faire sauter. En fait, j'avais peur d'y avoir trop pris goût. Ce que j'ai fini par comprendre, et ne pas supporter, c'est qu'il faut beaucoup moins d'intelligence pour tuer que pour préserver la vie. La lutte entre les assassins et les artisans de la paix déterminera l'avenir de l'humanité. On peut toujours trouver des justifications au fait de tuer, elles sont souvent religieuses. Néanmoins, comme pour n'importe quoi d'autre dans la vie, c'est par les actes que nous nous définissons, pas par la cause mise en avant pour justifier l'acte.

Cette tension entre facilité et effort s'équilibre dans notre quotidien. Croire à notre soudaine métamorphose, comme au gros lot, détourne de la tâche plus exigeante, ne donnant pas de résultats immédiats, qui consiste à devenir la personne que l'on souhaite être.

C'est là qu'interviennent le temps, la patience et la réflexion. Si nous croyons qu'il vaut mieux construire que détruire, être que paraître, qu'il vaut mieux vivre et laisser les autres en vie, nous avons peut-être une chance de trouver, en prenant son temps, un chemin convenable dans l'existence, cette étincelle de conscience entre deux grands silences.

16.

Se perdre pour mieux se trouver

Nos semblables aiment la ligne droite. Nous préférons les objectifs visibles et choisissons le chemin le plus direct pour nous y conduire. Notre système éducatif ouvre la voie, pas à pas, à nos trajectoires personnelles. Nous sommes supposés suivre des règles claires qui impliquent de se soumettre à l'autorité, de travailler dur et d'avoir l'esprit de coopération. Les idées originales sont prisées, mais dans la limite de ce qui est toléré par les structures hiérarchiques dans lesquelles nous sommes élevés. On nous apprend à faire ce qu'on nous dit, jusqu'à ce qu'un temps suffisant se soit écoulé pour nous permettre, à notre tour, de dire à d'autres ce qu'ils doivent faire.

De tout ce qui définit l'individu, rien ne semble plus lié à la réussite que l'éducation. Il ne faut donc pas s'étonner que l'on nous pousse pendant notre enfance et notre jeunesse à bien travailler à l'école et à considérer nos diplômes successifs comme des étapes indispensables pour vivre confortablement. Une promesse implicite est au bout du chemin : « Obéis aux instructions, fais plaisir aux autres, plie-toi aux règles et le bonheur sera à toi. »

Je rencontre beaucoup de gens, en particulier des hommes, qui, vers la cinquantaine, estiment qu'ils ont été floués. Ils bénéficient souvent d'un emploi stable, ils sont propriétaires de leur logement, ils ont l'épouse qu'il faut, les 2,2 enfants requis par la statistique et ils se sentent perdus. Une grande part de ce qu'ils ont désiré leur paraît maintenant un fardeau. Ils sont préoccupés par ce qu'ils pourraient avoir raté.

Un des domaines le plus souvent négligé dans une vie au parcours linéaire, dirigée vers un but, c'est le sexe. Dans une culture où il est une véritable obsession, pratiquement personne n'a l'impression d'avoir eu sa part. Ceci est particulièrement sensible chez des hommes socialement formés à rivaliser pour gagner les plus belles femmes, dont l'image qu'ils ont d'eux-mêmes repose essentiellement sur leurs compétences sexuelles. Comment expliquer autrement la crise d'identité traditionnelle ou le « démon de midi » qui pousse des cinquantenaires à entretenir des maîtresses et à rouler en voitures de sport ? Ceux qu'elle touche parlent souvent d'adolescences inhibées, de mariages précoces, de travail insatisfaisant et du désir de mener une existence moins terne.

Dans les années 1960 et 1970, la jeunesse exprimait sa révolte en se marginalisant. Beaucoup de ces jeunes, déçus du monde modelé par la quête matérialiste de leurs parents et horrifiés par le désastre de la guerre du Viêtnam, ont tout simplement refusé de suivre la voie toute tracée de la réussite. Cette « contre-culture » était redoutée autant que haïe par leurs parents ; ils se focalisaient sur une musique qu'ils ne pouvaient pas comprendre, sur la consommation de drogues qu'ils condamnaient et sur une liberté sexuelle qu'ils déploraient tout en l'enviant.

Le fait que ces jeunes rebelles soient devenus plus tard des employés de bureau tout comme leurs parents n'enlève rien à ce qu'ils ont appris et nous ont transmis de la manière la plus plaisante qui soit. Longtemps auparavant, Stephen Vincent Benét l'exprimait ainsi : « Car l'argent est maussade et l'esprit de raison sournois, mais la jeunesse est le pollen emporté par-dessus les toits sans demander pourquoi. »

Il existe encore aujourd'hui un noyau de jeunes gens aventureux prêts à interrompre leur cursus universitaire et à sortir des rails suffisamment longtemps pour découvrir le monde en voyageant ou en travaillant pour une ONG et s'enrichir par des voies impraticables dans une salle de classe. À un stade plus avancé dans la vie, surviennent des changements d'emplois, des mésaventures conjugales, des expériences spirituelles. À chaque fois, ces pas de côté qui semblent s'écarter de la norme témoignent peut-être simplement du courage de prendre des risques dans sa lutte pour atteindre le bonheur et donner un sens à son existence.

Dans les années 1960, cela s'appelait « se chercher » (Un parent cynique suggéra qu'au cours d'une recherche particulièrement prolongée son enfant avait eu le temps de trouver plusieurs personnes.) Même si la ligne droite semble être le chemin le plus court entre deux points, la vie prend un malin plaisir à tromper la géométrie. Souvent, ce sont les flâneries et les détours qui nous déterminent. Il n'existe pas de carte pour guider nos recherches les plus importantes : nous devons nous ouvrir à l'imprévu et nous fier à l'espoir, au hasard et à l'intuition.

17.

L'amour à sens unique n'a rien de romantique

Fondamentalement, éprouver un amour qui n'est pas partagé, c'est courir après l'inaccessible. Qui, parmi nous, n'est pas tombé dans le piège ? Aux flirts sans lendemains de l'enfance et de l'adolescence succède, à l'âge adulte, la recherche du partenaire parfait. L'espoir de rencontrer la perle qui nous valorisera et nous complétera, et dont l'amour réchauffera notre cœur, l'âge venu, est un fantasme puissant qui se réalise rarement.

Nous recherchons chez l'autre l'approbation inconditionnelle du bon parent, indépassable en matière de sécurité affective. Les privilégiés qui en ont bénéficié, enfant, veulent la retrouver. Les autres, les plus nombreux, souhaitent s'en servir comme d'un bouclier dans un monde incertain et souvent indifférent. Notre désir d'être acceptés tels que nous sommes est si fort qu'il nous arrive de projeter notre besoin d'amour sur quelqu'un et de ne rien recevoir en retour.

Dans leur version la plus triste, ces passions ont pour cible des inconnus. Beaucoup de vedettes de cinéma font l'objet d'une adoration qui concerne leur apparence ou les personnages qu'elles incarnent. Leur vie privée subit régulièrement les assauts d'admirateurs fanatiques convaincus qu'ils ont une chance d'inspirer des sentiments réciproques si on leur en laisse l'occasion. Parfois, ces émotions frustrées prennent un tour plus inquiétant. Les fantasmes inspirés par Jodie Foster à John Hinckley nous donnent à tous une leçon sur le pouvoir de l'amour à sens unique : pour l'impressionner, il attenta à la vie de Ronald Reagan en 1981.

La frontière entre amour romantique et passion manque souvent de netteté. La différence essentielle, c'est que la passion se nourrit d'elle-même et n'a besoin de personne pour exister. Celle-ci est une proche parente de l'illusion, une croyance fausse qui révèle un esprit dérangé.

L'amour, partagé ou non, s'en distingue parce qu'il s'agit d'une forme d'admiration qui ne peut se confondre avec, par exemple, la conviction d'être suivi ou persécuté par le gouvernement. De telles chimères sont déplaisantes et égocentriques. Soupirer après quelqu'un qu'on ne peut atteindre possède, comme le rêve, quelque chose d'idéaliste qui séduit ce besoin humain d'espérer contre tout espoir.

Un cran au-dessus des dangereuses obsessions du harceleur, nous trouvons l'amour qui ne meurt jamais. Il existe fréquemment chez les femmes battues et chez celles pour qui une ancienne relation de couple reste le sujet d'une méditation – et d'un monologue – sans fin. J'ai entendu beaucoup d'histoires commencer par : « Il m'a fait du mal, il m'a quittée, mais je l'aime toujours. » Proclamer ainsi sa dévotion éternelle à quelqu'un est une façon de donner de la dignité à ce que l'on pourrait sinon prendre pour un masochisme dépourvu de tout attrait. Le « coup de foudre » un autre fantasme très répandu bien que ce soit une sottise, nous prépare à de grandes déceptions. Le déferlement soudain d'émotions et la puissance de l'attirance qu'il provoque, presque spirituelle, ne laissent aucune place à une amitié naissante susceptible d'évoluer vers une relation plus profonde et plus stimulante. Cette dernière demande du temps, de l'attention et un certain degré de rationalité. C'est vrai, on peut également être envahi d'un sentiment moins facile à décrire et à expliquer que le fait d'avoir avec quelqu'un des centres d'intérêt communs et de manifester pour cette personne une attirance sexuelle, mais ceci ne veut pas dire pour autant que « tomber amoureux » même si la tête nous en tourne, revient à s'élancer d'une falaise dans le noir.

Ce qui donne de la force à l'amour, c'est qu'il est partagé. Éprouvé seul, il sera peut-être intense, comme l'est toute forme de solitude, mais a peu de chances de durer ou de servir à quelque chose ; il manque aussi d'intérêt pour les autres. Il existe une association imaginaire de célibataires baptisée « Sexe sans partenaire ». Elle compte parmi ses membres de nombreuses victimes de l'amour à sens unique. L'adhésion est gratuite et participer aux activités n'impose pas de sortir de chez soi.

18.

À même cause, même effet

L'erreur est humaine, comme on dit, elle joue même un rôle essentiel dans l'apprentissage qui repose sur l'expérience. De nos erreurs, peu sont irrémédiables, mais certaines sont plus graves que d'autres. Il est frustrant de constater qu'on répète toujours les mêmes. Cette répétition est particulièrement évidente dans la manière de choisir ses intimes. On a décrit le deuxième mariage comme le triomphe de l'espoir sur l'expérience. On pourrait logiquement espérer que les leçons apprises de la première union rendent plus avisé pour la seconde. Hélas, le taux d'échec des remariages va jusqu'à dépasser les cinquante pour cent, c'est-à-dire qu'il est supérieur à nos premières expériences de conjugalité, quand, jeunes, on se jette de manière irréfléchie dans une relation de couple.

La leçon à tirer de ces chiffres, c'est que d'un point de vue philosophique et comportemental, nous différons peu à quarante ans de la personne que nous étions à vingt. Cela ne signifie pas que les années écoulées ne nous ont rien enseigné. Au cours de cette période, la plupart des gens terminent leurs études puis construisent leur carrière professionnelle. Occupés à avoir une tête pleine, nous n'apprenons tout simplement rien sur nous, ni sur les raisons qui nous font choisir de vivre avec telle ou telle personne.

Apprendre ne consiste pas tant à accumuler des réponses qu'à trouver comment formuler les bonnes questions. C'est pourquoi la psychothérapie est un va-et-vient de questions-réponses. Contrairement à une idée répandue, il s'agit d'une exploration conjointe, pas d'une astuce du thérapeute pour entraîner le patient dans une direction connue. En permanence, ce travail d'investigation sur nos motivations, nos schémas de pensée et de comportement a pour but d'établir des liens entre notre passé et le présent tel qu'on l'envisage en cherchant le meilleur moyen d'arriver à nos fins.

Beaucoup de nos actes, sinon la plupart, sont mus par des motivations inconscientes. Comme nous aimons à nous prendre pour des êtres de raison aux comportements logiques, nous trouvons déconcertant de devoir reconnaître que des besoins, des désirs et des faits, dont nous n'avons qu'une perception vague et qui sont liés à notre passé, de même que notre enfance souvent, influent sur notre conduite au quotidien.

Par exemple, l'« oubli » peut être interprété comme la manifestation de l'inconscient dans certains de nos actes décrits comme de la distraction. Pourquoi les cabinets de dentiste téléphonent-ils régulièrement aux patients pour leur rappeler leur rendez-vous ? Parce qu'aller chez le dentiste est une expérience désagréable. Les gens ont donc tendance à « oublier » leur rendez-vous. D'autres oublis – un anniversaire, notre anniversaire de mariage, le nom de quelqu'un, une promesse faite et non tenue – sont, eux aussi, révélateurs de pensées inconscientes difficiles à s'avouer.

Le choix d'un conjoint n'échappe pas à cette règle. *Pratiquement toute action humaine fait intervenir d'une certaine manière nos sentiments.* Peu de comportements sont « neutres » du point de vue des affects. Je rappelle souvent à des patients qu'il existe un critère permettant d'évaluer toute décision importante : « Comment je me sens ? » En particulier, comment je me sens avec cette personne ? Comme le personnage incarné par Jack Nicholson dans *Pour le pire et pour le meilleur*, est-ce que je peux dire : « Tu me donnes envie de devenir meilleur ? »

La répétition de nos erreurs est particulièrement flagrante dans les scènes familiales où se jouent et se rejouent à l'infini les mêmes drames, témoignant d'une longue pratique. Une question revient dans ma bouche lorsqu'un patient me décrit un conflit classique dans son couple : « À quoi imaginiez-vous aboutir en disant cela ? » Si l'on remonte au début de toute dispute, on peut presque toujours trouver une piste (une critique ou une franche insulte) qui explique ce qui a provoqué chez l'autre une hostilité somme toute prévisible. Par exemple, un patient racontait récemment qu'un matin il avait réagi à une plainte de sa femme en répondant : « Arrête de pleurnicher ! » Comme on pouvait s'y attendre, ça commençait mal et l'atmosphère resta plombée toute la journée. Si je demande à mon interlocuteur pourquoi il a jugé nécessaire de déclencher ainsi les hostilités, il réplique souvent d'un ton hargneux : « J'ai bien le droit de me défendre, non ? »

Il est surprenant de voir comment nos plus étroites relations finissent par ressembler à une lutte de pouvoir opposant deux ennemis intimes. Le sentiment d'avoir une destinée commune a disparu, il est remplacé par une bataille quotidienne dont l'enjeu consiste à conserver une certaine estime de soi, apparemment menacée par la personne qui nous connaît le mieux. Qui voudrait vivre ainsi, en état d'hypervigilance et de rivalité, pour un enjeu obscur aux belligérants mêmes ?

Et pourtant, quand on demande aux gens de renoncer aux commentaires désobligeants qui sont à l'origine de la plupart des conflits conjugaux, ils se défaussent sur « l'autre » de la responsabilité d'apporter un changement, un peu comme dans ces conflits internationaux où tout le monde veut la paix, mais où personne n'accepte de cesser les représailles le premier, de peur de se rendre vulnérable.

Au cœur de ce scepticisme se niche la méfiance. Elle règne aussi, semble-t-il, au sein de nombreux couples. Dans ce genre de situation, j'utilise un argument du genre : « Qu'avez-vous à perdre en essayant ? » On me répond souvent : « Combien de temps devrait durer cet essai ? » Il vaudrait mieux demander : « Pourquoi vivre avec quelqu'un en qui je n'ai pas confiance ? » Mais cette question est rarement posée car elle interroge toutes les raisons qui ont fait que deux êtres ont partagé leur vie, pendant des années, sans être heureux : seuls l'argent, les enfants, la peur de la solitude et leur simple inertie expliquent qu'ils soient encore ensemble.

La triste vérité, c'est que beaucoup de gens ne placent pas la barre très haut en matière de bonheur. C'est comme si l'idée, à l'instar du Père Noël et de la petite souris, n'était plus qu'un mythe, à force de décevoir dans la réalité. Ils considèrent tout bonheur durable comme un idéal romantique factice mis en avant par l'industrie du spectacle. Il n'a pour eux pas plus de rapport avec leur vie que les villas d'un million de dollars ou les jets privés. Cette désillusion est un obstacle majeur au changement car personne n'ira prendre de risques sur le plan affectif pour poursuivre des objectifs jugés inaccessibles.

Encourager un être humain à changer nous engage tout autant que lui ; c'est un même espoir qu'on partage. Même ceux qui professent le plus profond cynisme à propos de leur propre vie souhaitent un meilleur sort à leurs enfants. Je mets souvent en avant cet argument pour pousser les gens à innover. Je me fonde ici sur la conviction largement répandue que la majeure partie de ce que les enfants savent de la vie, ils l'apprennent en observant leurs parents. Je m'appuie sur cette idée pour tâcher de persuader des patients d'essayer, dans l'intérêt de leurs enfants, de faire preuve de gentillesse, de tolérance et de conciliation.

C'est là qu'interviennent les schémas répétitifs de comportement aux résultats prévisibles. Les gens ont dans l'ensemble une connaissance suffisante de la méthode expérimentale et du principe de causalité pour se rendre compte que, si leur attitude passée a produit des résultats insatisfaisants, une nouvelle approche mérite peut-être d'être envisagée. Je donne à cet argument un cadre pragmatique plutôt que théorique : « Je ne possède pas de réponses applicables à tous les couples, je crois à ce qui marche. Ce que vous faites en ce moment ne marche pas. Pourquoi ne pas tenter autre chose ? »

19. La vérité nous rattrape toujours

À l'âge de trente-quatre ans, je faisais une psychanalyse dans le cadre de ma préparation à l'internat. Un jour, mon analyste m'informa que j'étais un enfant adopté. J'étais à cet instant allongé sur le divan, en pleine « association libre » à propos d'une conférence à laquelle j'avais assisté. Un groupe d'adultes adoptés y avait parlé de la recherche de leurs parents biologiques. Mon analyste m'a demandé ce que je ferais à leur place et j'ai répondu que j'entreprendrais certainement cette recherche.

Il m'a alors dit :

– « Tu peux commencer à chercher.
– Qu'est-ce que tu racontes ? Je suis un enfant adopté ?
– Oui.
– Comment peux-tu le savoir ? »

Aussi incroyable que cela puisse paraître, il devait l'information à une violation du secret professionnel. Le psychologue de ma femme, dont j'étais séparé, avait rencontré mon analyste, lors d'une soirée, et lié conversation. Il lui avait demandé :

– « Le docteur Livingston sait-il qu'il est adopté ?
– Il n'en a pas parlé » a répondu mon analyste.

Mon épouse l'avait appris des années plus tôt de la bouche d'amis de la famille, mais avait considéré qu'il revenait à mes parents de choisir de me le dire ou non. Elle en avait discuté avec eux, mais ils avaient refusé de m'en parler. Elle l'avait donc dit à son psychothérapeute, qui l'avait dit au mien. Ce dernier avait dû trouver un moyen de le glisser au cours d'une séance, ce qui n'a pas dû être évident, l'échange entre l'analyste et l'analysant ne ressemblant en rien à un dialogue. Je lui serai à jamais reconnaissant d'avoir eu le courage de le faire.

Sur le coup, j'ai trouvé la nouvelle déconcertante. Mes parents n'avaient jamais évoqué le sujet. Je m'étais de temps en temps demandé pourquoi mon père, passionné de photographie, n'avait pris aucun cliché de moi avant un an. Je m'étais aussi interrogé sur ma naissance à Memphis à une époque où ils habitaient Chicago. Mon père était fonctionnaire et il m'avait expliqué qu'ils s'étaient rendus dans le Tennessee pour une mission temporaire. Mon acte de naissance officiel, qui les désignait clairement comme mes géniteurs, était bien entendu un faux.

Ma mère mourut peu de temps avant que je n'apprenne que j'avais été un enfant adopté. Ce ne fut pas évident de communiquer avec mon père. J'oscillais entre la colère – il m'avait trompé – et la compréhension – il avait peur qu'en le sachant je devienne un peu moins son fils. Pour tout dire, j'étais excité à l'idée de découvrir à qui j'étais génétiquement lié et un peu soulagé que l'hérédité ne me destine pas à lui ressembler. Je me sentais libre, avec l'envie de savoir et légèrement en apesanteur. Mon père gardait peu de souvenirs des détails de mon adoption et jura n'avoir jamais connu mon vrai nom. Cette déclaration se révéla également fausse.

Je me rendis à Memphis où j'engageai un avocat. Grâce à des connaissances locales, il obtint en un rien de temps mon dossier d'adoption, laquelle avait été entérinée par le tribunal plusieurs années auparavant. Le registre contenait le nom sous lequel j'étais né, David Alfred Faulk, et celui de ma mère biologique, Ruth. Il s'avéra que j'étais tombé entre les griffes du *Tennessee Children's Home*, une organisation connue pour son « commerce » de bébés, tout cela sous la houlette d'un juge corrompu qui fournissait les attestations d'abandon. L'agence avait placé des enfants auprès de parents aisés dans tout le pays. J'appelai mon père pour lui demander combien je lui avais coûté. Beaucoup de gens se demandent ce qu'ils valent, moi, je sais : cinq cents dollars.

L'avocat me conseilla de lui confier le travail de recherche. « Vous ne savez pas ce que vous allez apprendre. Certains de ces bébés avaient pour parents des patients de l'hôpital psychiatrique. » Mais je me sentais capable d'affronter n'importe quelle réalité. J'étais aussi convaincu que savoir valait mieux que ne pas savoir.

J'ai commencé par retrouver des membres de la famille d'accueil chez qui j'avais passé la première année de ma vie. En ouvrant l'annuaire de Memphis, je n'avais qu'un patronyme. Au dixième coup de téléphone, environ, quand j'ai expliqué qui j'étais, j'ai entendu l'homme à l'autre bout du fil se tourner pour dire : « Eh M'man, c'est Bo. » La mère était une dame de plus de quatre-vingts ans qui, lors de ma visite, sortit une photo de moi, prise en studio, sur laquelle je devais avoir environ six mois. Son mari avait tenu une station-service. Aucun de ses fils n'avait fait d'études. J'essayais de m'imaginer avec l'accent du Tennessee et un uniforme de mécanicien arborant le nom de « Bo » sur la poitrine. Toute la famille s'était rassemblée pour m'accueillir. J'appris que ma mère génétique, qui m'avait laissé chez eux, était de Vicksburg, dans le Mississippi.

J'ai commencé à téléphoner à tous les Faulk figurant dans l'annuaire de Vicksburg et je n'ai pas tardé à parler avec la sœur de ma mère. Cette fois, je me suis présenté comme le fils d'un ami et j'ai demandé où se trouvait Ruth. Sa sœur m'a dit que ma mère habitait Atlanta où elle travaillait pour un éditeur. Je me suis rendu à Atlanta et j'ai appelé Ruth. Je lui ai dit qui j'étais et que j'avais envie de la rencontrer. Quand la porte de l'appartement s'est ouverte, j'ai découvert une femme qui me ressemblait beaucoup. Elle a demandé : « Pourquoi as-tu été si long ? »

Enseignante appartenant à une famille religieuse, elle était tombée enceinte d'un homme qui refusa de l'épouser mais proposa de payer un avortement illégal. Elle refusa, accoucha à Memphis et me laissa là-bas avec l'intention, me dit-elle, de revenir. Quand elle finit par appeler l'institution, il était trop tard. Elle ne s'était jamais mariée, « ne s'en sentait pas le droit » Institutrice, elle choisit d'enseigner au cours élémentaire puis demanda à changer de classe chaque année pour enseigner au niveau que j'avais moi-même atteint ; c'était une manière pour elle de suivre mon parcours scolaire. Elle ne s'était jamais pardonné de « ne pas avoir été à la hauteur ». Elle était soulagée de voir que je m'en étais bien sorti. Je la remerciai de m'avoir donné la vie.

Bien entendu, je voulais savoir qui était mon père génétique. Ruth me donna son nom. Il était mort quelques années plus tôt, mais avait une fille. Je réussis à savoir où elle habitait et l'appelai. Moi, le fils unique, j'avais finalement une demi-sœur. Elle fut heureuse de m'entendre. J'appris qu'elle était elle-même adoptée et qu'elle envisageait elle aussi d'entreprendre des recherches sur *ses* parents de naissance.

Sommes-nous apparentés, nous qui avons tous deux le même père ? Quelles pensées avaient hanté celui-ci, incapable de concevoir un enfant avec son épouse, tout en portant le secret d'un fils illégitime ? Sa fille m'a envoyé une photo. C'est tout ce que j'ai de lui. Je sais ce que doivent ressentir les orphelins de guerre en regardant les photos de pères dont le souvenir leur échappe ou qu'ils n'ont jamais rencontrés. J'imagine discerner de la tristesse dans les yeux du mien. Si seulement je pouvais lui parler un instant, lui dire que les choses ont bien tourné, qu'il est sorti du bien de son erreur de jeunesse. Si je n'ai pu l'aimer, j'aurais aimé pouvoir l'apaiser.

20.

La politique de l'autruche n'est pas une solution

L'authenticité est une qualité prisée. Bien qu'obligés de jouer au quotidien des rôles variés, nous aimerions nous comporter comme des personnes entières, fidèles à nos valeurs. La plupart d'entre nous attachons une grande importance à la manière dont nous sommes perçus par les personnes que nous tenons en estime.

Le travers humain le plus réprouvé est sans doute l'hypocrisie. Ceux dont les actes contredisent les discours deviennent la risée de leur entourage. Nombre de scandales qui alimentent les faits divers reposent sur une contradiction entre discours et conduite : pasteurs adultérins, hommes politiques malhonnêtes, moralistes drogués, prêtres pédophiles. Face à de tels individus, la colère égale la fascination ; cette dernière s'alimente de notre mauvaise conscience à ne pas réussir pour nous-même à accorder nos comportements aux idées que nous affichons. Que penseraient les gens s'ils savaient ?

Mais il y a pire que la dissimulation d'embarrassantes défaillances morales : ce sont les interprétations qui nous permettent de nous disculper. Nous invoquons régulièrement des théories basées sur le rôle du hasard, des coïncidences ou des actes manqués pour justifier des comportements que nous ne souhaitons pas examiner de près. Par exemple, ce sont aujourd'hui des courriels compromettants laissés sur l'ordinateur familial qui trahissent de nombreux adultères. (Il s'agit là d'une variante de la méthode plus traditionnelle du journal-intime-traînant-là-où-il-peut-être-lu.)

Le déni est une autre façon de se mentir. Les personnes dépendantes de l'alcool affirment couramment qu'elles n'ont pas de problème et peuvent arrêter à tout moment, allégations contredites par les faits : conduite en état d'ivresse, unions brisées, pertes d'emploi, pouvant se solder par une déchéance catastrophique. Je dis souvent à ces gens qu'il est compréhensible qu'ils puissent éprouver le besoin de mentir aux autres, mais que se mentir à soi-même prive de la possibilité de prendre les mesures nécessaires.

Je connais un homme qui frappe régulièrement sa femme, au cours d'un rêve éveillé dont il ne garde jamais un souvenir clair. Comme sa conduite est « accidentelle » elle ne donne pas lieu à une réelle réflexion sur la nature de la relation. Moins grave, des millions de couples font chambre à part parce que l'un des deux ronfle. Quel reproche peut-on faire à un comportement aussi inconscient ?

Parmi les mensonges qui nous causent le plus de tort figurent les promesses. « Rien n'est plus beau qu'une promesse, juste après l'avoir faite. » Les résolutions du premier de l'an sont éphémères, c'est bien connu. Les bonnes intentions ne se contentent pas de paver l'enfer, elles distraient de la tâche sérieuse consistant à évaluer qui nous sommes et ce que nous voulons vraiment. Passer son temps à rêver d'un idéal, en matière de beauté ou d'évolution personnelle, nous prend toute notre énergie et nous détourne d'objectifs plus sensés et plus accessibles.

Si personne ne peut nier le rôle du hasard dans la vie, lui attribuer la majeure partie de ce qui nous arrive est une forme de paresse. Une fois de plus, il s'agit de ne pas assumer ses responsabilités et de préférer des excuses toutes trouvées à un difficile examen de conscience. Cette forme d'aveuglement ne mène nulle part. Je ne nie pas que des accidents surviennent. Si une personne est foudroyée en plein champ, il est difficile de la tenir pour responsable. En revanche, si l'éclair la frappe alors qu'elle s'abrite sous le seul arbre en vue, on peut s'interroger sur ce qu'elle a appris à l'école.

Nous sommes quotidiennement confrontés à des exemples de morts stupides. Conduite en état d'ivresse, maladies liées au tabac ou à l'obésité, coups de feu accidentels... nous sommes tous passés par là et cela nous rappelle que nous sommes démunis face à nos propres pulsions négatives. Que pensent les gens de ces risques ? C'est agir avec courage que de mettre sa vie en danger pour autrui ou pour un idéal. Mais comme dit Sancho Pança à Don Quichotte : « Mourir sans bonne raison est le plus grave des péchés. »

La vérité ne suffit peut-être pas à faire de nous des êtres libres, mais il n'y a pas plus grande folie que de mentir à soi-même pour n'en tirer qu'une satisfaction passagère. Une telle illusion paraît n'être qu'une malhonnêteté bénigne ; personne d'autre que soi n'est abusé ou lésé. Mais des décisions qui ne s'appuient pas sur la réalité ne peuvent être que mauvaises. Avoir une image claire de soi est sans doute impossible, tout comme il est impossible d'arriver au bout d'une journée sans s'être trouvé, au moins une ou deux fois, de justification après-coup à des erreurs commises. C'est quand il y a conflit entre ce que nous voulons être et ce que nous sommes vraiment que la dissonance est la plus fracassante, nous rendant sourd et aveugle à la fois.

21. La crise de la quarantaine

Dans la vie, il n'existe pas de motif d'insatisfaction plus banal que de croire que nous n'avons pas choisi le bon partenaire quand nous étions jeunes. Il en découle souvent le fantasme que nous attend, quelque part, un être dont l'amour nous sauvera. Cette illusion est à l'origine de la plupart des infidélités, typiques des mariages malheureux.

Selon certaines estimations, parmi les quadragénaires mariés, l'adultère concernerait 50 à 65 % des hommes et 35 à 45 % des femmes. Dans une société où la monogamie est la valeur conjugale dominante, il s'agit là de chiffres qui ne révèlent pas seulement une grande hypocrisie, mais aussi un sérieux degré d'insatisfaction au sein des couples institués. Que cherchent ces gens hors du mariage ?

Ce que l'on espère d'une liaison, en plus de l'attrait de la nouveauté, c'est d'être rassuré. À certains égards, toute quête de plaisir est une parade contre notre peur de mourir. En vieillissant, alors que nous tentons de trouver une solution à notre désir futile de rester jeune et de prétendre à l'immortalité, il nous arrive, par contrecoup, de rechercher des expériences nous confortant dans l'idée que nous sommes restés séduisants. Quel meilleur moyen de s'en persuader que d'avoir une aventure amoureuse ?

Un sain processus de maturation nous autorise à croire que ce que nous valons est unique et que nous sommes en permanence dignes d'amour. Mais ceci est l'aboutissement idéal ; plus souvent, il nous faut chercher, plus ou moins désespérément, quelqu'un qui nous aimera sans condition, et nous supportons mal que ce soit considéré comme une trop grande exigence. C'est rarement du conjoint que nous vient un tel privilège et c'est, dans la majorité des mariages, la source d'un mécontentement lancinant qui reste inexprimé.

Ce qui passe pour de l'amour entre adultes ressemble le plus souvent à une sorte de contrat de services tacite. Jadis, cela prenait la forme d'un accord implicite qui rendait les hommes responsables de la sécurité financière, tandis que les femmes se devaient d'entretenir la maison, d'éduquer les enfants et de contenter sexuellement leur mari. Le mouvement féministe a conduit à une renégociation du contrat, en tenant compte du désir des femmes de travailler à l'extérieur et de ne plus assumer seules les enfants et les tâches ménagères. Ce progrès louable vers l'égalité des sexes a eu pour effet secondaire d'exacerber rancœur et rivalité au sein de nombreux couples.

Le credo féministe édictait en loi le fait que le pouvoir s'obtient par la lutte et que personne n'y renonce de son plein gré. Cette attitude n'encourage pas à resserrer les liens. Si l'on ajoute à cela l'indépendance financière conquise par les femmes, ce n'est peut-être pas une coïncidence si un mariage sur deux se termine par un divorce. D'un certain point de vue, cette évolution est bonne. Elle réduit les risques de rester pris au piège d'une relation insatisfaisante. Toute évolution sociale qui augmente notre possibilité de choix est plutôt un progrès, alors pourquoi la vivons-nous dans ce cas comme une perte importante ?

Tout d'abord, il y a le tort causé aux enfants. Se rassurer en pensant qu'il vaut mieux pour eux s'adapter à la séparation de leurs parents que de partager la vie d'un couple qui ne s'entend pas est une justification après coup, par des adultes préoccupés de leur propre bonheur. C'est désormais avéré : le divorce des parents fait naître chez les enfants une grande tristesse et un terrible sentiment d'insécurité. La plupart du temps, les parents ajoutent à ce malaise en continuant à s'en vouloir et à s'adresser des reproches. Le fait que les enfants se sortent toujours de n'importe quel bouleversement dans leur existence ne change rien à l'ampleur du désastre et du désenchantement.

C'est pour cette raison, ajoutée à des considérations financières, que, la plupart du temps, le conjoint infidèle n'a pas en tête le divorce, même si l'adultère finit souvent par y conduire. À un certain niveau, il s'agit d'une forme de vagabondage sexuel commune à presque toutes les espèces animales. Mais l'infidélité est aussi l'expression spécifiquement humaine de l'anxiété et du désir. La quête de l'amour idéal est à la fois un signe d'immaturité et l'expression des angoisses de l'âge mûr. Il est rare que l'infidélité améliore l'existence, il est en revanche fréquent qu'elle sème la ruine. Cela ne nous dissuade pas d'essayer.

Il y a longtemps, Joan Baez chantait, « Tu t'enfuis en quête de l'inconnu parfait... » La chanson s'appelait *Fontaine de chagrin*.

22.

L'amour au-delà de la mort

J'ai perdu deux enfants. En l'espace de treize mois, mon fils aîné s'est suicidé et le plus jeune a succombé à une leucémie. Le chagrin m'a beaucoup appris sur la fragilité de la vie et sur l'irrévocabilité de la mort. Perdre ce qui nous est le plus précieux nous fait sentir au plus profond de nous notre impuissance et nous apprend à survivre ; c'est une leçon d'humilité. Après qu'on m'a ôté toute illusion de contrôle sur mon existence, il m'a fallu déterminer les questions qui méritaient encore d'être posées. Je me suis vite rendu compte que les plus évidentes – Pourquoi mes fils ?

Pourquoi moi ? – étaient aussi inutiles qu'inévitables. Toute référence à l'idée du juste et de l'injuste était absurde.

J'ai trouvé des raisons de continuer à vivre grâce à mes compagnons de souffrance, mes proches et d'autres personnes qui, comme moi, ont été éprouvées par des pertes irrémédiables. Comme quiconque a pleuré un être aimé, je me suis pris d'une haine durable pour l'expression « faire son deuil » qui sous-entend que le chagrin est un processus limité dans le temps dont tout le monde guérit. L'idée d'arriver un jour à ce que mes fils ne me manquent plus m'était obscène et je l'ai écartée. Je devais accepter de ne plus jamais être la même personne, d'avoir perdu une part de mon cœur, peut-être la meilleure, enterrée avec mes enfants. Que restait-il ? Voilà une *question* qui méritait réflexion.

Lors d'une interview accordée de nombreuses années après la mort de son fils, Gregory Peck déclara à ce propos : « Je ne pense pas à lui tous les jours ; je pense à lui chaque heure de chaque jour. » Avec le temps, ces pensées changent de nature : les images atroces de la maladie et de la mort s'estompent au profit de souvenirs plus doux rappelant ce que fut l'existence du disparu.

Le chagrin est un sujet que j'en suis venu à bien connaître. En fait, il fut la préoccupation principale de ma vie pendant des années. J'en ai fait un livre, essayant de faire le tour de la question. J'ai découvert qu'il n'existe pas de voie de contournement ; on est obligé de le traverser. Au cours de ce voyage, j'ai connu le désespoir, envisagé le suicide, et appris que je n'étais pas seul. Convaincu que je ne pourrais trouver de réconfort dans les mots, j'ai fini par me rendre compte que je n'avais qu'eux, les miens et de ceux des autres, pour donner un support à ce que j'éprouvais, tout d'abord ma détresse, puis le sentiment fragile que ma vie avait encore un sens.

Treize ans plus tard, bien que le temps se soit figé pour eux, mes fils restent pour moi une présence vivante. Je me suis, pour l'essentiel, pardonné de ne pas avoir réussi à les sauver. Je me suis réconcilié avec l'idée de vieillir sans eux. Ils ne m'enterreront pas, comme j'en étais persuadé. Je n'accorde plus la moindre foi en un univers ordonné et en un dieu juste. Mais je n'ai pas renoncé à mon amour pour eux, ni à mon désir tenace, contre toute raison, de les revoir.

C'est cela qu'on peut appeler l'espoir : ceux que nous avons perdus ont éveillé en nous des sentiments d'amour dont nous ne nous savions pas capables. Ce sont leur legs, le don qu'ils nous font. Nous avons pour tâche, afin de rester fidèles à leur mémoire, de transmettre cet amour à ceux qui ont encore besoin de nous.

Au mariage de ma fille, j'ai emprunté à Mark Helprin quelques pensées et formé les vœux suivants :

« L'amour entre parents et enfants repose énormément sur le pardon. Nos imperfections font de nous des humains, et être prêts à accepter celles-ci chez nos proches et en nous compense la souffrance à laquelle tout amour nous expose. Dans des moments heureux comme celui-ci, nous célébrons le miracle de la rencontre de deux personnes décidées à créer de nouvelles vies. Si l'amour peut vraiment vaincre la mort, c'est seulement dans l'exercice de la mémoire et dans l'indéfectibilité du lien. Mémoire et dévotion... Grâce à eux, votre cœur, même brisé, continuera à s'emplir et vous resterez dans le combat jusqu'au bout. »

23.

Faire preuve d'autorité n'est pas éduquer

Cela ne mérite peut-être pas d'être mentionné, et pourtant, il est intéressant d'observer la quantité de réprimandes et de consignes contenues dans ce qui passe pour de la communication entre gens proches. Je demande parfois aux parents d'enfants difficiles d'évaluer, dans les échanges qu'ils ont avec ces derniers, l'importance des remontrances ou des ordres (ces derniers étant une variation des premières) et de la traduire en pourcentage. J'ai l'habitude d'entendre des chiffres comme 80 ou 90 % ! Parfois, ce qui n'a rien d'étonnant, des proportions similaires s'appliquent à la façon dont les parents communiquent entre eux.

Comment avons-nous tendance à réagir aux ordres ? Chez la plupart d'entre nous, le ressentiment virant à l'obstination est la réaction la plus commune. Le refus peut être clair et net (« J' veux pas ») ou passif-agressif (« J'ai oublié »). Les Américains ne sont pas obéissants. Nous descendons d'individus ayant entrepris de dangereux voyages pour conquérir la maîtrise de leur destin, et nous sommes prêts à de grands sacrifices pour défendre cette idée. Nous sommes génétiquement programmés pour remettre en question l'autorité.

Dans les rapports au quotidien, chacun essaie pourtant de dire à l'autre ce qu'il doit faire. Notre désir de contrôler et l'intime conviction que nous avons d'avoir toujours raison nous font oublier que les ordres sont des ordres et qu'ils sont en général mal reçus, quel que soit leur bien fondé. Ce défaut s'observe particulièrement chez les parents. Même dans une société comme la nôtre, qui vénère l'enfant et le porte au pinacle, les adultes restent persuadés qu'ils savent mieux que personne comment « guider » leurs rejetons, afin que ceux-ci deviennent, grâce à leur potentiel supérieur à la moyenne, de brillants étudiants, des athlètes hors pair, des exemples de réussite aux États-Unis.

Je demande souvent à mes patients en conflit avec leur entourage de *se retenir de critiquer* leurs proches, pour voir si cela change quelque chose à l'atmosphère familiale. Cette suggestion fait sur de nombreuses personnes l'effet d'une révolution. L'idée qu'ils s'en font semble être : « Ça va être le chaos si je cesse de distribuer observations et directives. Les tâches domestiques resteront en plan, la vaisselle s'amoncellera, le désordre régnera dans les chambres, la maison s'écroulera et les devoirs passeront à la trappe. À l'échec scolaire succédera la drogue, puis une grossesse non désirée et une vie de délinquant. Je n'ai pas le droit de laisser un tel désastre se produire ! »

En imaginant ainsi le pire, tout assouplissement de la vigilance devient le premier pas vers la faillite, la déchéance et l'effondrement de la civilisation telle que nous la connaissons. Cette conception fondamentalement pessimiste de la nature humaine est, pour une grande part, à la base de ce qui passe pour être la référence en matière d'éducation. Par exemple, l'âge de deux ans est devenu le moment où l'intense égocentrisme de l'enfance est supposé se heurter à l'obligation pour les parents de dire « non ». Et l'on considère les colères qui en résultent chez l'enfant comme une préparation aux inévitables conflits qui l'opposeront à ses parents à l'adolescence, pour gagner plus d'autonomie. Il y a une sorte d'autosatisfaction dans la façon dont les parents secouent la tête d'un air entendu quand ils discutent savamment entre eux de ces étapes du développement chez l'enfant. Dans ce domaine comme dans beaucoup d'autres, nos attentes sont généralement des réalités.

Une autre façon d'envisager les conflits qui surviennent entre parents et enfants est de les considérer comme des escarmouches sur un fond de lutte de pouvoir. Celle-ci naît de l'idée fausse que la première tâche des parents est de façonner le comportement de leur progéniture par un enseignement constant, renforcé par l'application de règles et de châtiments. Agir ainsi donne parfois de bons résultats, mais produit surtout des enfants oppositionnels qui deviendront des adultes oppositionnels.

La résistance passive est le dernier refuge des dominés. Des ouvriers à la chaîne à qui la grève est interdite ont la possibilité de ralentir la chaîne. Les enfants, inférieurs aux adultes par leur taille physique et leur manque de maturité, ne peuvent pas s'opposer ouvertement à eux, mais ils peuvent manifester leur désaccord en ne faisant pas ce qu'on leur demande. Travail bâclé à l'école, tâches domestiques négligées, extrême lenteur ou tendance à ignorer les consignes sont des exemples courants de comportements passifs-agressifs qui rendent fous les parents. Et ceux-ci ont pour réaction la plus fréquente de s'obstiner dans les sermons, les ordres et les punitions pour tenter d'obtenir que « ce gosse écoute. »

Je demande souvent aux gens s'ils pensent vraiment qu'il s'agit d'un manque de compréhension de la part de l'enfant. Croient-ils qu'une leçon de plus réglera la question ? Le problème ne réside-t-il pas plutôt dans la nature de la relation ? N'adoptent-ils pas toujours le même mode autoritaire et critique avec leur enfant ?

Il est assez fréquent que les personnes qui attachent beaucoup d'importance au fait de se faire respecter de leurs enfants aient les mêmes exigences avec leur conjoint. Le climat conjugal consiste en continuelles chamailleries et luttes de pouvoir, avec l'impression, de part et d'autre, de ne pas être entendu. Dans ce cas aussi, je demande aux patients d'imaginer une situation où ils puissent se passer de faire des remarques et de donner des consignes. Une personne habituée à donner des listes de tâches à accomplir aura du mal à considérer d'autres possibilités (« Il oublie tout ! »).

Le plus souvent, on a cette attitude de juge quand on a grandi dans des familles où juger constamment et critiquer était la norme, ce qui rend malaisé d'envisager un autre mode de relation avec ses proches. Demander à un patient d'essayer de changer revient à espérer qu'il s'attaquera à de très vieilles habitudes. La démarche exige un effort conscient soutenu par un minimum de bonne volonté. Cette dernière est difficile à obtenir dans des relations de couple où le dénigrement et l'hostilité sont depuis longtemps des modes de défense. Il est toujours plus facile de continuer à faire ce que l'on connaît, même si ça ne marche manifestement pas.

L'idée que l'on puisse vivre sans passer son temps à donner son avis sur tout et à diriger ceux qui nous entourent est une grande nouveauté pour beaucoup de gens. Ceux qui se laissent persuader d'arrêter ce type de comportement, même pour de brèves périodes de temps, en éprouvent d'ordinaire du soulagement. La foi dans la discipline s'apparente au concept catholique de péché originel, selon lequel nous sommes tous nés avec, sur l'âme, une tache qu'il faut laver – avec l'aide de nos parents et de l'Église. Ne devons-nous pas être libérés de nos pulsions les plus basses ? C'est en premier lieu la peur qui nous pousse à nous soumettre à l'autorité car « le salaire du péché, c'est la mort » nous dit-on. C'est pourquoi les plus fondamentalistes d'entre les croyants ont les pratiques éducatives les plus strictes. Ce qui est en jeu n'est pas seulement l'échec ou la réussite ici-bas, mais l'espoir d'atteindre l'immortalité de l'âme.

Croyants ou pas, nous nous imaginons tous plus ou moins que les enfants sont des livres vierges sur lesquels les parents impriment les règles. Notre tâche est d'apprendre aux jeunes tout ce dont ils ont besoin pour triompher de leurs propres pulsions et d'influences externes qui menacent de les détruire. Beaucoup d'adultes redoutent de ne pas être à la hauteur de cette mission et redoutent que leurs enfants tournent mal. Trop souvent, en s'efforçant d'être de bons éducateurs, tout ce que nous transmettons c'est notre anxiété, notre manque d'assurance et notre peur de l'échec.

Au-delà de procurer sécurité et amour à nos enfants, le premier objectif de l'éducation parentale est de leur transmettre l'idée que l'on peut être heureux dans un monde incertain. De leur donner de l'espoir. On y parvient par l'exemple bien plus que par ce qu'on peut leur raconter. Nous avons accompli notre travail de parent si nous réussissons à nous montrer responsables, déterminés et optimistes dans ce que nous entreprenons. Les manuels d'éducation peuvent alors servir à allumer la cheminée. Il est impossible d'espérer en revanche que des enfants constamment critiqués, dénigrés et sermonnés aient une bonne image d'eux-mêmes et de leur avenir.

24.

La maladie nous met en « vacances »

Les gens qui viennent me consulter sont en grande détresse. Ils ne sont pas là juste pour bavarder. Le coût d'une psychothérapie et la disgrâce associée à toute forme de désordre psychoaffectif confirment que ceux qui viennent chercher de l'aide souffrent vraiment. Mes patients sont donc nombreux à se montrer surpris quand je leur demande si les difficultés qu'ils rencontrent présentent pour eux des avantages. Ils ont tellement l'habitude de ne retenir que les aspects négatifs de leur état d'anxiété ou de leur dépression qu'il ne leur est jamais venu à l'esprit qu'il puisse y avoir une contrepartie positive à leur état.

L'une des règles fondamentales de la psychologie animale, c'est qu'un comportement persiste quand il est encouragé et s'arrête quand il ne l'est plus. Un singe tirera inlassablement sur le levier qui met à sa disposition de la nourriture, même si c'est par intermittence et à des intervalles de temps imprévisibles. Mais si la nourriture cesse de se présenter, il finira par délaisser le levier. Il en va de même des gens. Nous répétons les actes qui nous procurent une satisfaction quelconque, même s'il n'est pas toujours évident de la repérer.

De tous les fardeaux qui pèsent sur nos vies, il n'en est parfois pas de plus lourd que de s'assumer soi-même et d'assumer ses responsabilités envers ceux que l'on aime. Les gens sont prêts à supporter un quotidien qui les abrutit, un emploi qu'ils détestent et des relations amoureuses insatisfaisantes, pour combler leurs attentes. Quand il n'y a pas d'autres solutions possibles, ils trouvent dans la maladie ou une incapacité quelconque le seul moyen socialement acceptable de se décharger du poids de leurs obligations, au moins temporairement.

Être malade, cela veut dire ne pas être obligé de se lever chaque matin pour faire des choses qu'on déteste. On est au contraire invité à « y aller doucement ». Pour quelqu'un pris dans l'engrenage et submergé d'obligations, le soulagement que procure le relâchement de la pression compense les désagréments causés par la douleur physique et un fonctionnement ralenti. Personne, bien sûr, ne réfléchit en ces termes. Se focalisant uniquement sur leur maladie, mes patients refusent de voir le *profit secondaire* qu'ils peuvent tirer de leur situation. Et pourtant, particulièrement dans les cas où le congé de maladie les libère d'une charge de travail importante et d'autres responsabilités, on peut comprendre qu'ils aient envie de le prolonger ; c'est un encouragement à devenir ou rester malade.

Il est aussi vrai que plus longtemps une personne est en incapacité de travail, plus grands sont les risques que sa maladie devienne une composante de son identité, de la façon dont il se perçoit. C'est une évolution dangereuse dans la mesure où l'image que nous avons de nous est fortement arrimée à notre inconscient et résiste au changement. Le travail du thérapeute consiste à faire remonter ces éléments subjectifs sur le plan de la conscience où il devient possible de les comprendre et de les gérer.

Les diagnostics psychiatriques sont, par nécessité, descriptifs. Nous n'avons pas la moindre idée de ce qui rend une personne sujette à une anxiété extrême. Dans la mesure où cette affection se transmet à l'intérieur des familles et peut être traitée par des médicaments, il est logique d'en conclure qu'elle est héréditaire et a une origine biologique. La recherche génétique finira certainement par élucider les mécanismes chimiques en jeu. Néanmoins, saurons-nous alors pourquoi les membres d'une même fratrie, et jusqu'à des jumeaux identiques, souffrent de ce trouble à des degrés différents ?

Les gens sont impuissants face à la maladie physique et c'est un échec de la médecine traditionnelle. Elle a ainsi rendu les gens dépendants des médecins, qui y ont gagné en statut aux dépens de la responsabilisation du patient. Les progrès de la médecine somatique et de la chirurgie – l'invention des antibiotiques, de molécules soignant le diabète, l'hypertension et toutes sortes de déficiences hormonales – ont contribué à donner l'impression que, loin d'être un processus actif, nous ne sommes pour rien dans notre guérison. Il en est résulté une forme de passivité chez les personnes souffrant d'une maladie physique. De la même façon, la découverte, au cours des cinquante dernières années, de remèdes efficaces contre l'anxiété, la dépression et certains troubles psychotiques a fait naître l'espoir, chez les personnes atteintes de ces troubles, qu'avaler un cachet suffira à soulager leur souffrance.

Si les médicaments méritent incontestablement une place dans le traitement d'une multitude de désordres psychoaffectifs, la psychothérapie conserve son importance pour aider les gens à analyser leur ressenti et changer leur comportement. La traduction de bonnes intentions en actes reste propre au processus thérapeutique qui mise sur la durée et prétend faire réfléchir. Le message essentiel d'une telle entreprise peut se résumer ainsi : chacun est responsable des choix qu'il fait dans sa quête éperdue du bonheur. Elle n'a rien perdu de son pouvoir en tant qu'instrument de métamorphose.

25.

Nous n'avons pas les bonnes peurs

Notre société promeut la peur. Les publicitaires régentent tout et n'importe quoi : ce que nous avons et ce que nous n'avons pas, notre physique, notre sexualité... Le consommateur insatisfait est plus enclin à acheter. De même, les responsables des journaux télévisés essaient de capter notre intérêt en nous effrayant avec des faits divers violents, des catastrophes naturelles, des menaces climatiques et des risques écologiques. (« L'eau que vous buvez est-elle potable ? Nous développerons le sujet au cours de cette édition. »)

Est-ce que nos sujets d'inquiétude ne nous définissent pas d'une certaine manière ? Comme la vie est pleine d'incertitudes et de désastres imprévisibles, nous avons toutes les raisons d'être angoissé. La liste des peurs qui nous habitent est longue et elle varie en fonction des informations dont nous sommes bombardés.

Les personnes anxieuses au départ sont sujettes à des peurs spécifiques. Dans leur forme la plus excessive, elles prennent le nom de « phobies ». Imaginez-vous terrorisé à l'idée d'aller chez l'épicier, de monter dans un ascenseur, de conduire une voiture, de franchir un pont... Sans parler de voyager en avion. Chacun de ces exemples correspond à une phobie courante, une hantise irrationnelle mais handicapante. En un sens, les phobiques servent de sentinelles à ceux d'entre nous dont les peurs sont moins paralysantes, mais pas moins réelles. La réaction aux attaques terroristes de 2001 offre une très bonne illustration de ce que peut produire une peur collective sur la population. Les gens se mirent en masse à vendre leurs actions et cessèrent de prendre l'avion. Les comptes des compagnies aériennes plongèrent dans le rouge. Puis est arrivée la hantise de l'anthrax ; le public a commencé à se méfier du courrier qu'il recevait, tandis que les fournisseurs de masques à gaz ont épuisé leurs stocks. Les États-Unis, la « terre des braves » ressemblaient à un grand hôpital pour angoissés chroniques.

Quand, en 2002, un sniper s'est mis à tirer sur des cibles choisies au hasard, dans la région de Washington, il a pratiquement déclenché une panique générale : la vie était chamboulée, les établissements scolaires annulaient les sorties pédagogiques pour garder les enfants à l'abri. Le même refrain était repris partout : « Sauver une vie justifie toute précaution ». Personne ne l'a relevé, mais suivre cette logique jusqu'au bout impliquerait de ne jamais sortir de chez soi.

Même dans des périodes tranquilles, nous exagérons les dangers de la délinquance. Nous nous armons contre des intrus mythiques et refusons d'admettre la réalité : les victimes les plus probables de notre arsenal seront les membres de notre famille. Pendant ce temps, les véritables dangers qui menacent notre bien-être – la cigarette, une nourriture trop riche, le non-respect des règles de sécurité en voiture, l'injustice sociale et les gens que nous élisons pour conduire le pays – provoquent peu d'anxiété.

Sur le plan personnel, les phobies servent à masquer des peurs plus fondamentales et plus perturbantes – celles accompagnant la solitude, par exemple. Ce qui nous terrorise collectivement remplit sans doute une fonction similaire au niveau social. Avec l'esprit occupé par la pneumopathie atypique, la maladie de la vache folle, la grippe aviaire ou les rôdeurs susceptibles de nous agresser la nuit, nous risquons moins de remarquer la dégradation de l'environnement ou la disparition progressive de nos libertés en tant que citoyens ; ce sont des problèmes que nous nous imaginons impuissants à résoudre. Même les guerres ne provoquent que peu d'angoisse dans la population, excepté chez des familles directement concernées.

La méfiance caractérise nos relations avec les autres. Au lieu de nous sentir liés par le même destin et de partager l'idée que nous pouvons tous prospérer ensemble, au sens capitaliste du mot, nous nous comportons comme si l'existence était une compétition que nous ne pouvions gagner qu'aux dépens d'autrui. Nous vivons avec la peur d'être traîné en justice à tout moment. D'une certaine manière, je peux dire que chacun de mes patients est un adversaire potentiel, au cas où la thérapie n'a pas l'effet escompté. Dans d'autres spécialités médicales soumises à des risques d'erreurs bien plus grands et nettement plus graves comme la médecine obstétrique, la chirurgie, la médecine urgentiste, les primes d'assurance professionnelle ont atteint un niveau tel que certains praticiens abandonnent la médecine.

Qu'adviendrait-il si notre système juridique décidait de ne plus indemniser les dommages corporels, en cas d'accident causé par un tiers, et se limitait aux dédommagements matériels ? Dans le cas où l'on jugerait nécessaire de condamner une multinationale pour négligence grave, l'argent réclamé pourrait prendre la forme d'une amende. Au lieu de revenir à la victime ou à ses avocats, il alimenterait un « fonds de malchance » destiné à des gens confrontés à des dépenses exceptionnelles qui ne sont pas de leur fait (c'est-à-dire les parents d'enfants souffrant d'un grave handicap, les victimes de crimes ou de catastrophes naturelles). Ce serait certainement plus juste et plus utile que de compter sur le résultat aléatoire d'un procès, qui ne profite qu'au gagnant.

Un tel système présenterait l'avantage de mettre en évidence le côté imprévisible de la vie et le risque inhérent au fait d'exister. Ce serait admettre qu'il est possible d'indemniser une perte économique, mais qu'aucune somme d'argent ne peut (ou ne devrait) compenser les coups du sort qui sont notre lot commun.

On nous bombarde d'images d'hommes et de femmes ayant réussi avec peu d'efforts ou peu de compétences, voire aucune – riches héritiers, gagnants à la loterie, participants à des émissions de téléréalité, comiques sans talent –, si bien que nous ne savons plus où placer nos vraies valeurs. Nos vies et nos relations de couple paraissent bien prosaïques en comparaison de ces destins hors du commun.

Si les vedettes des magazines ont des défauts, nos dirigeants politiques ne nous font pas plus rêver. Le niveau d'intelligence et d'intégrité de ceux que nous élisons pour servir notre pays n'a en général rien d'impressionnant. En fait, il semble que, dans notre système politique, les gens sélectionnés pour gouverner soient reconnaissables par un ego surdimensionné et un appétit de pouvoir l'emportant largement sur leur prétendu intérêt pour le bien de leurs concitoyens.

Hélas, ce n'est pas cela qui nous inquiète et qui, pourtant, nous menace directement ; nous nous laissons persuader, et sans difficulté, que le véritable danger réside dans un lieu éloigné peuplé d'étrangers qui nous veulent du mal. La peur nous conduit à croire que les problèmes entre humains ne se résolvent que par les armes. Nous sommes comme le charpentier qui, muni de son seul outil, le marteau, ne sait qu'enfoncer des clous.

Bien que désagréable à éprouver, la peur peut nous sauver du pire. Pour cela, il faut être capable d'identifier ce qui nous menace vraiment et, donc, disposer d'informations exactes que nous saurons utiliser à bon escient. Si notre gouvernement nous trompe ou si nos sources de renseignements (les médias) ont intérêt à nous maintenir dans un état de panique, il n'est pas étonnant que nous passions notre temps à nous soucier de périls improbables, comme la contamination de notre courrier, et que nous négligions de vrais risques, comme le réchauffement planétaire.

Il en va de même dans la vie privée. Nous sommes mus en même temps par la peur et par l'envie. Nous voulons quelque chose et nous avons peur de ne pas arriver à l'obtenir. La crainte de l'échec est bien souvent ce qui nous pousse à agir. Prenons pour exemple la recherche de l'aisance matérielle. Elle est indispensable pour subvenir à nos besoins et pour améliorer notre niveau de vie. Mais cette course effrénée à l'accroissement de nos revenus ne donne pas grand sens à l'existence et nous empêche de profiter de la vie en attachant plus d'importance à nos relations personnelles et à nos activités de loisirs. On devrait toujours avoir à l'esprit que personne, sur son lit de mort, ne regrette de n'avoir pas passé plus de temps au bureau ; cela nous aiderait à mieux orienter nos vies.

Nos comportements sont guidés par l'avidité mêlée à l'esprit de compétition. L'homme d'affaires enrichi passe pour le modèle à suivre. Le milliardaire Donald Trump est une vedette. La réussite dans les affaires est la confirmation du concept darwinien selon lequel seul le plus fort survit. La valeur du travail se mesure non à son utilité mais à la richesse qu'il produit.

Malgré son efficacité à court terme, la peur ne permet pas d'obtenir de changement durable. S'en servir comme moteur, c'est négliger qu'il n'existe pas de désir plus puissant que de vouloir être heureux et se respecter soi-même. Si notre société faisait ce qu'il faut pour aller dans ce sens, en apportant aux gens une éducation, de meilleurs emplois, une réelle mobilité sociale, une plus grande justice et des perspectives d'avenir, le bonheur éphémère que procure la drogue perdrait de son attrait. En matière de toxicomanie, privilégier la répression de l'« offre » n'a pas porté ses fruits. Réduire la demande en donnant la priorité aux traitements des toxicomanes et en apportant des solutions sociales à leur désespoir est le seul moyen de gagner la bataille, dans ce combat entre plaisir passager et satisfaction durable.

Nos peurs sont liées au fait de nous savoir vulnérables – le malheur peut nous tomber dessus n'importe quand – et mortels – nous sommes certains de mourir un jour. Tant mieux si la religion, en nous promettant l'éternité, apporte réconfort et sens à notre existence. Mais même les sceptiques peuvent apprendre à savourer des moments de plaisir dans leurs courtes vies. Le déni ne mène à rien ; il faut au contraire s'armer de courage et refuser de se laisser envahir par la peur de l'avenir ou par le regret du passé qui nous empêchent de profiter du moment présent.

26.

Les parents n'ont pas de grand pouvoir... sauf pour le pire

Dans l'université que fréquente ma fille, à chaque fin d'année scolaire, les jeunes diplômés exhibent, dans le journal des étudiants, une photo d'eux lorsqu'ils étaient bébés. De brefs commentaires des parents accompagnent les clichés. Presque tous les messages disent tous plus ou moins la même chose : « Nous sommes si fiers de toi. » Ce sentiment paraît bien naturel en un tel moment, mais j'ai l'impression que cette fierté laisse transparaître une certaine autosatisfaction et semble aussi vouloir dire : « Admirez le travail remarquable que nous avons accompli en tant que parents ! » Nous nous approprions ainsi à bon compte le succès mérité de plein droit par nos enfants.

Ceci m'a frappé parce que, dans mon travail, je vois l'envers de la médaille : des parents dont les enfants ne vont pas bien du tout. Ces derniers se droguent, ont des démêlés avec la justice ou sont en situation d'échec. La culpabilité ronge les parents. (« Où nous sommes-nous trompés ? ») Ce que leur enfant traverse n'est pas très valorisant pour eux. On voit rarement un autocollant de pare-chocs proclamer : MON GOSSE EST EN CURE DE DÉSINTOXICATION.

Imaginer que les succès ou les échecs de nos enfants doivent nous être imputés en priorité est une attitude très narcissique. Il est clair qu'exercer sur eux des violences – physiques, psychologiques ou sexuelles – risque de leur causer des torts sérieux et durables. On ne doit toutefois pas en déduire que remplir son devoir de parent – aimer ses enfants, leur offrir un environnement stable et propice pour grandir – implique qu'on soit responsable de ce qu'ils deviendront plus tard. Individus autonomes, nos enfants doivent principalement aux décisions qu'ils prennent, eux, de réussir ou d'échouer.

Les parents peuvent essayer de leur inculquer les valeurs et les attitudes qu'*ils* jugent bonnes, mais c'est par leur façon de se comporter en tant qu'adultes qu'ils transmettent l'essentiel de leurs convictions. Faire siennes ces valeurs est un choix qui appartient aux enfants.

Les jeunes flairent de loin l'hypocrisie. Le succès du roman *L'Attrape-Cœur* de Salinger auprès des adolescents en atteste. S'ils relèvent des contradictions flagrantes entre nos paroles et nos actes, ils vont probablement réagir avec cynisme mais, en tant qu'êtres humains indépendants, c'est à eux que revient le soin, au bout du compte, d'intégrer à leur vie ce qu'ils ont vu ou appris pendant leurs premières années.

L'anxiété est contagieuse. Les enfants la sentent chez leurs parents et en sont affectés. Cela commence à un âge où ils ne possèdent pas de mots pour exprimer leurs émotions et celles qu'ils perçoivent chez les gens autour d'eux. Pour beaucoup de parents, l'arrivée d'un premier enfant complique souvent leur vie et apporte son lot d'incertitudes. La fatigue physique, notamment le changement de rythme de sommeil, pèse. Se demander constamment si on fait bien est naturel. Savoir vers qui se tourner n'est pas évident ; les conseils et les aides obtenus ne sont pas toujours à la hauteur. Les grands-parents n'ont pas forcément des choses à transmettre et les innombrables livres sur la question contiennent souvent des avis contradictoires (par exemple, le débat toujours actuel sur le fait de prendre ou non le bébé dans les bras quand il pleure).

L'un des désaccords majeurs entre experts concerne la « discipline » et, comme beaucoup de nos convictions, la thèse que l'on va défendre a des implications politiques. L'optique conservatrice part d'un présupposé : intrinsèquement égocentriques, les enfants ont besoin d'être « socialisés » par l'instauration de limites strictes et de punitions quand ils transgressent les interdits. Éduquer devient un perpétuel rapport de force dont les parents doivent sortir vainqueurs et dans lequel il est parfaitement légitime qu'ils utilisent leurs avantages sur les plans psychologique et physique pour gagner.

Beaucoup de ces conseils tournent autour de l'apprentissage de la politesse et de l'obéissance : par quels moyens les parents peuvent préserver la tranquillité de la vie de famille, face à leurs enfants qui, dans leur insouciance, n'ont qu'une idée en tête : s'amuser et prendre du plaisir ? Une telle vision de l'éducation est bien sûr l'émanation du concept fondamentaliste selon lequel les errances d'une humanité pécheresse ne peuvent être contenues que par la stricte prescription d'interdits.

Les parents peuvent, sinon, adopter un point de vue moins rigide et plus optimiste, à savoir qu'en recevant amour et soutien la plupart des jeunes humains deviennent des adultes heureux et productifs, quelle que soit la façon dont ils ont été élevés. Cette approche plus souple tente de fixer des limites raisonnables au comportement des enfants et provoque moins de conflits et de ressentiment. On a pleinement conscience ici que le succès de l'éducation parentale ne repose pas sur la certitude d'avoir raison ou de détenir toutes les réponses. Les châtiments corporels sont à proscrire car, ce qu'ils enseignent, c'est avant tout la peur et la violence.

J'ai observé une chose essentielle dans ma carrière : on peut réussir à élever un enfant quels que soient les principes éducatifs choisis – et le spectre est large, des méthodes autoritaires aux plus permissives. L'important, c'est qu'il se sente aimé et respecté. Les parents doivent aussi poser des limites, en particulier pour tout ce qui touche à la sécurité de leur enfant et à son comportement ; il doit apprendre notamment à contenir son agressivité. En même temps, on constate que les conflits les plus usants et les plus démoralisants au sein des familles, pouvant conduire à des luttes de pouvoir acharnées, naissent du désir maladif des parents de tout contrôler et du sentiment doublé d'angoisse qu'eux seuls peuvent éviter à leurs enfants de tomber dans la délinquance. D'un autre côté, lorsque les parents ne s'inquiètent que de choses sans grande importance avec des questions du genre « qu'as-tu mangé aujourd'hui ? » ou « as-tu rangé ta chambre ? » cela provoque aussi des conflits sans fin.

Quiconque fréquente les transports en commun ou les supermarchés a fait l'expérience à ses dépens du trop grand laxisme parental envers des enfants turbulents. Le problème est comment faire comprendre à un enfant qu'il n'est pas seul au monde et qu'il doit respecter les autres, sans utiliser la menace ou l'intimidation, qui ne réussissent qu'à vous le mettre à dos et à lui apprendre la résistance passive, sans diminuer son agressivité.

Comme pour tant d'autres aspects de la vie, le danger se trouve aux extrêmes. On pourrait alors imaginer un spectre avec, à un bout, la manière autoritaire et, à l'autre, la permissivité, mais cela s'apparente davantage à un cercle ; les enfants très surveillés dans leurs familles ne se posent aucune limite à eux-mêmes, habitués qu'ils sont à n'obéir qu'à des règles venues de l'extérieur. À l'inverse, grandir sans un minimum de discipline ne permet pas d'avoir les repères nécessaires pour vivre à l'aise avec les autres.

Au-delà de veiller au bien-être physique et affectif de leurs enfants, la tâche essentielle des parents est de leur montrer que le monde, bien qu'imparfait, est un lieu où il est néanmoins possible d'être heureux. Cela ne se transmet que par l'exemple. Nos plus beaux discours n'ont aucun poids à côté de ce que nos enfants nous voient faire.

Ainsi, quand des parents convaincus d'avoir une influence majeure dans l'avenir de leurs enfants, me demandent : « Qu'est-ce que je peux faire pour m'assurer que ce gamin tourne bien ? » Ils sont souvent surpris par ma réponse : « Pas grand-chose, mais moins chercher le conflit et arrêter de contrôler tous ses faits et gestes rendrait sans doute tout le monde plus heureux immédiatement. »

L'hystérie collective que provoquent les enlèvements d'enfants offre un exemple frappant de la manière dont les parents transmettent leurs pires terreurs. Ces drames ont beau concerner moins de deux cents enfants par an aux États-Unis, le sujet bénéficie d'une telle publicité qu'il y a foule à toutes les opérations de « sécurité » organisées au centre commercial local. Celles-ci se résument en général à des précautions comme la prise de photos et d'empreintes digitales. Si les enfants demandent pourquoi on les prend en photos, les parents ont du mal à répondre avec franchise : « C'est pour identifier ton cadavre si tu te fais kidnapper ! » Croyons-nous vraiment que nos enfants ne perçoivent pas notre peur ? Et pendant ce temps, chaque année, trois mille quatre cents mineurs meurent d'un accident de la route et cinq mille de la décharge accidentelle d'une arme à feu.

Il est infiniment décourageant de rencontrer le pessimisme chez des personnes jeunes. Elles ont décidé très tôt que la vie ne leur réserverait rien de bon. D'où leur est venue cette idée ? Généralement pas de la lecture des journaux.

Les cyniques ne manquent hélas pas d'exemples autour d'eux pour défendre leur point de vue. En examinant sa vie ou le monde autour de soi, il n'est pas difficile de se convaincre, à partir de nos propres vies et en regardant le monde autour de nous, que tout part à vau-l'eau. Les mauvaises nouvelles sont par nature plus intéressantes que les bonnes, c'est pourquoi nous sommes, tous les jours, submergés par des faits divers tragiques, des images de chaos et d'exemples montrant jusqu'où l'être humain peut aller en matière de turpitude. La dépression touche entre 15 et 20 % d'entre nous. Il semble parfois surprenant que nous n'en soyons pas *tous* atteints.

Comment parvenir à être heureux dans un tel monde ? Une bonne dose de détachement peut être salutaire, mais le véritable secret, c'est de sélectionner ce sur quoi faire porter notre attention. Si nous choisissons de nous polariser sur les êtres et les choses qui nous procurent du plaisir et de la satisfaction, nous avons de très grandes chances de connaître le bonheur dans ce monde où le malheur abonde pourtant.

Ce qu'il y a de véritablement merveilleux dans la condition humaine, et en même temps de très courageux, c'est notre capacité à jouir de la vie, en sachant à tout moment qu'elle peut être fugace et qu'un désastre est toujours possible. Faire preuve d'une aptitude au bonheur est ce que l'on peut transmettre de plus utile à nos enfants. Avoir le sens de l'humour peut aussi aider.

27.

Il n'y a de paradis que perdu

La nostalgie d'un passé qu'on a idéalisé est très courante et en général inoffensive. Toutefois faire remonter nos souvenirs n'aide pas à rendre le présent plus accommodant. Quand les gens évoquent, les larmes aux yeux, le bon vieux temps, c'est presque toujours en regrettant le présent et en envisageant l'avenir avec morosité.

Dans nos souvenirs, la vie était moins chère, la délinquance moins élevée, la musique meilleure, les gens plus amicaux et plus dignes de confiance, les unions plus durables, les familles plus unies, les enfants plus respectueux. Mes parents ont connu la Grande Dépression. La faillite de leur banque a englouti toutes leurs économies et ils ont traversé les années 1930 en ayant du mal à joindre les deux bouts. Pourtant, l'âge venant, même cette épreuve prenait une teinte romantique quand ils évoquaient l'entraide entre voisins face à l'adversité commune. Ils l'opposaient à l'égoïsme qu'ils voyaient tout autour d'eux dans le monde moderne.

Les choses n'allaient pas vraiment mieux jadis. Il n'y avait pas moins de guerres et de génocides qu'aujourd'hui. Des enfants mouraient régulièrement de maladies infectieuses. La délinquance et la pauvreté sévissaient. Toutes proportions gardées, aucune période dans l'histoire des hommes ne s'est distinguée par les vertus qui y régnaient.

Quand nous essayons d'assumer notre passé, nos vies apparaissent comme un perpétuel désenchantement. Nous regrettons l'insouciance de notre jeunesse qui nous faisait croire même en nos illusions. Nous nous souvenons de l'ardeur éperdue de nos premières amours. Nous voudrions oublier nos erreurs et leurs fâcheuses conséquences, les arrangements avec notre conscience, les voies que nous n'avons pas suivies. Le fardeau de notre existence imparfaite est plus dur à porter quand le corps et l'esprit faiblissent. Dans notre désir de revenir en arrière, nous ne retenons que les souvenirs du temps où nous étions jeunes.

Il y a quelques années, je suis allé à l'enterrement d'un collègue, un bon médecin et un homme admirable, d'une grande sensibilité. L'une des personnes qui prit la parole évoqua son « merveilleux sens de l'humour ». Je me suis tourné vers un ami assis à côté de moi pour demander : « John avait donc le sens de l'humour ? » Si c'était le cas, je n'en avais perçu aucun signe au cours des années où je l'avais côtoyé, et je me suis demandé si cette enviable qualité pouvait être accordée à titre posthume, comme une médaille à un soldat tombé au champ d'honneur.

Chaque fois que j'assiste aux obsèques d'une personne que j'ai bien connue, l'image qui en est dressée dans le panégyrique m'étonne toujours. L'imperfection tout humaine de la personne disparaît, remplacée par un portrait idéalisé censé nous consoler de sa disparition, mais qui ne réussit qu'à rendre la vie du défunt désincarnée. Bien connaître quelqu'un et l'aimer en dépit, et même à cause, de ses imperfections n'est possible que si l'on sait prendre les gens comme ils sont et pardonner : deux indicateurs essentiels de notre maturité affective. Plus important encore, si on y parvient pour autrui, on devrait pouvoir avoir la même indulgence envers soi-même.

Être humain, c'est être faillible et douter. Le défi permanent auquel nous sommes confronté n'est pas de rechercher la perfection chez nous et chez les autres, mais de trouver des moyens d'être heureux dans un monde imparfait. C'est encore plus difficile si l'on s'accroche à une vision idéalisée du passé qui rend insatisfait du présent.

Le souvenir n'est pas, comme beaucoup d'entre nous le pensent, la transcription exacte d'une expérience passée. C'est plutôt une histoire que nous nous racontons ou que nous arrangeons à notre manière, pleine de rêves inassouvis et de désirs pris pour des réalités. Quiconque a participé à une réunion d'anciens élèves de lycée ou d'université peut attester du fait que la mémoire opère différemment chez chacun d'entre nous. Comment pourrait-on, sinon, avoir des souvenirs si dissemblables d'événements partagés ? La réponse est simple : ce dont nous nous souvenons et la manière dont nous nous en souvenons dépend de la signification que nous donnons à ces événements. À cela s'ajoute notre volonté de rendre cohérente l'histoire de notre vie, en faisant concorder l'image qu'on a de nous-même avec celle que nous sommes ou que nous souhaitons être.

J'entends souvent des gens s'étonner de la divergence de leurs souvenirs d'enfance quand ils les évoquent entre frères et sœurs. Des personnes élevées dans la même maison par les mêmes parents ont gardé en mémoire de ce qu'ils ont vécu ensemble des éléments totalement distincts. L'une se souviendra de violences que l'autre niera. Ces discordances font naître parfois frustration et ressentiment chez les personnes concernées, alors qu'elles sont simplement dues au fait qu'on ne se perçoit pas aujourd'hui comme on était hier et que, en parcourant à nouveau le chemin, on réécrit l'histoire.

Nous n'aimons pas pour autant remettre en question notre mythologie personnelle. Pères distants ou abuseurs, mères envahissantes, mésentente conjugale et divorce, tout le monde a un rôle à tenir. Nous avons complètement intégré l'idée que notre destinée est modelée par nos expériences enfantines. Il existe une affiche montrant une salle de congrès presque vide avec, à l'arrière-plan, une banderole sur laquelle on peut lire : ENFANTS ADULTES ISSUS DE FAMILLES NORMALES.

À l'inverse, j'entends aussi de belles histoires d'éducations réussies, comme dans les feuilletons des années 1950. Dans ces récits d'un autre temps, des parents aimants et attentifs n'élevaient presque jamais la voix sur leurs enfants ou leur conjoint. Quand je réagis à ces récits avec mon scepticisme professionnel, cela engendre souvent de l'animosité, comme si je prenais un objet de valeur pour un faux.

Des patients invoquent également des relations intimes qui ont mal tourné pour justifier le fait qu'ils ne donnent plus leur cœur qu'avec prudence, voire méfiance. Les souvenirs probablement les plus destructeurs concernent « la chère ou le cher disparu ». Beaucoup de gens gardent d'une personne un souvenir plein de nostalgie et de regret ; toutes les relations qui suivront ne pourront égaler celle-ci. Il peut s'agir d'un parent, d'un premier amour ou d'un ami parti à jamais. Sa perfection, comme dans un panégyrique, sort tout droit de l'imagination de l'orateur et ne peut plus se vérifier par le contact régulier qu'on entretient avec une personne vivante. L'être idéalisé existe dans une sorte de rêve toujours présent avec lequel ne peuvent rivaliser les individus de chair et d'os qui partagent notre présent.

Être nostalgique du passé a un défaut : nous distraire de nos efforts pour tirer sens et plaisir du présent. En outre, le message passé à notre entourage, qui n'a pas eu le privilège de partager nos plus belles années, est clair ; le monde dans lequel il vit est de moindre qualité et il n'y a aucun espoir qu'il s'améliore. Au moment où nos forces déclinent et où nous devenons toujours plus dépendants de la gentillesse et de la sollicitude des autres, ce discours paraît parfaitement inapproprié.

Les jeunes ont souvent pour les vieux des sentiments mêlés ; ils ressentent à leur égard à la fois une dette, du dédain et de la peur. « Est-ce là ce à quoi je dois m'attendre ? » se demandent-ils. « Vais-je aussi passer mon temps à gémir sur ma santé et à regretter le bon vieux temps ? » Il est déjà suffisamment difficile d'accepter d'être mortel, sans avoir à subir, de surcroît, la dépression si fréquente avec l'âge. « La bonne nouvelle, c'est que l'espérance de vie augmente ; la mauvaise, c'est que les années supplémentaires sont ajoutées à la fin et non au début. »

Qui d'entre nous n'a jamais été surpris, lorsqu'il retrouvait quelqu'un surgi du passé, de constater à quel point le souvenir qu'on a gardé de la personne bute contre l'image présente ? Ce n'est pas seulement lié, comme nous sommes enclins à l'imaginer, à la manière dont les gens changent avec le temps. C'est le même phénomène qui fait qu'un logement où nous avons vécu enfant nous paraît en général incroyablement petit si nous avons l'occasion d'y retourner une fois adulte, alors que c'est nous, bien sûr, qui avons grandi.

Quand Russell Baker soumit à un éditeur la première version de ses mémoires, *Growing Up*, ce dernier refusa le manuscrit en le déclarant inintéressant. Baker dit alors à sa femme : « Je monte dans mon bureau écrire l'histoire de ma vie. » Ce fut un best-seller – et il n'était pas moins véridique que la première version ! Chacun de nous est libre d'interpréter les événements de sa vie comme il l'entend. Nous pouvons magnifier ou dénigrer les personnages qui y ont eu un rôle. Les deux options sont possibles selon le besoin du moment et la manière dont on veut voir les choses. Nous constatons que nous sommes tous aptes à enjoliver ou à noircir notre passé.

Si nous ne sommes pas capables d'avoir une perception claire du passé, reconnaissons au moins que s'accrocher à une version idéalisée est juste un moyen supplémentaire de saboter le présent. Quand, arrivé à l'âge de la maturité, nous sentons que nos chances sont minces d'atteindre la perfection ou le bonheur absolu ici-bas, il nous reste la possibilité d'accepter ce que nous avons fait de nos vies et de nous en réjouir. Une autre voie consiste à s'abandonner au regret d'une époque où tout semblait possible et plus simple et où nous gardions l'espoir d'améliorer notre sort. C'est cet optimisme innocent que nous aimerions tant retrouver au moment où nous voyons se réduire le temps et les opportunités.

Tout ce que nous n'avons pas pu réaliser nous hante, en particulier les occasions manquées d'accéder à l'amour parfait. En vieillissant, nos corps nous trahissent et nos idées se sclérosent au point de devenir des préjugés rigides. De cette position peu enviable, nous regardons en arrière, vers le temps divin de notre jeunesse où, quand nous imaginions le futur, le possible l'emportait sur le probable. C'est cette aptitude qui nous manque le plus. Que nos souvenirs puissent à ce point empoisonner notre présent est pour nous un mystère.

Alors, quel est le meilleur moyen de reprendre espoir quand le crépuscule de nos vies ne cesse de se rapprocher ? Nous pouvons embrasser la religion qui nous promet l'immortalité et nous fait espérer que nous rejoindrons dans l'au-delà ceux que nous avons perdus. Ou nous pouvons nous contenter d'être agnostiques et préférer de ne pas savoir à l'avance ce qui nous attend, en essayant simplement de donner un sens à notre incessante agitation sur cette terre : vivre et mourir, rêver et désespérer, accepter le cœur brisé le mystère des prières sans réponse.

28. Courage... rions !

Réfutant le concept d'ambivalence inhérent à tout sentiment humain, la plupart de nos contemporains acceptent mal d'éprouver deux émotions en même temps. Ainsi, pour donner un exemple, l'un des antidotes classiques de l'anxiété est la relaxation musculaire profonde. Les anxieux qui ont appris à détendre leurs muscles peuvent s'en servir pour se débarrasser de symptômes comme la transpiration, la tachycardie, l'hyperventilation et l'impression de toucher au gouffre, tous à l'origine de la crise de panique.

Il est intéressant de demander à des dépressifs quand ils ont ri de bon cœur pour la dernière fois. Il est encore plus instructif de demander à leurs proches d'essayer de se souvenir de la dernière fois où ils les ont vus s'amuser. Les réponses que j'obtiens habituellement se comptent en mois, voire en années.

Et alors ? Qu'est-ce qui fait que le rire est important dans la vie ? Certaines personnes considèrent l'humour comme un art mineur, nous éloignant d'une affaire sérieuse, celle de vivre, alors que c'est justement un des meilleurs indicateurs de notre art de vivre. Même un dépressif, quand on lui demande s'il a le sens de l'humour, répond presque invariablement par l'affirmative. (Dans le même ordre d'idée, tout le monde se considère bon conducteur en dépit des nombreuses preuves du contraire !) Quand un patient revendique un sens de l'humour sur un ton particulièrement maussade, je lui demande de me raconter une blague. Je sais que c'est une demande injuste parce que prêter attention à des choses drôles n'est pas donné à tout le monde et encore moins s'en souvenir. Nombre de mes interlocuteurs restent sans réponse. Alors c'est moi qui leur raconte une blague ! Comme celle qui suit, élue un temps « la plus drôle du monde » sur un site Internet britannique.

« Deux chasseurs du New Jersey marchent en forêt. Soudain, l'un d'eux s'écroule et semble ne plus respirer. L'autre sort son téléphone portable et compose le numéro des urgences. “Mon ami est mort !” dit-il à l’opératrice. Elle répond : “Détendez-vous, nous sommes là pour vous aider. Avant tout, vous devez vous assurer qu’il est bien mort.” Au bout de quelques instants de silence, elle entend un coup de feu. L’homme revient en ligne. “C’est fait. Et maintenant ?” »

J’obtiens des réactions très diverses. Beaucoup de patients ont tellement peu l’habitude de s’amuser de quoi que ce soit qu’ils ne savent plus se laisser surprendre, ce qui est l’essence de l’humour. D’autres ne sont tout simplement pas préparés à l’idée qu’un psychiatre puisse essayer de les faire rire. Parfois, je donne comme consigne à ceux qui semblent en phase terminale de morosité de trouver une histoire drôle pour la séance suivante.

Tout cela peut paraître dérisoire à côté des abîmes de désespoir et d’anxiété qui conduisent les gens en thérapie. Mais l’humour possède sur nous un réel pouvoir : notre aptitude au rire est l’une des deux caractéristiques qui nous distinguent des autres animaux. L’autre, autant que nous le sachions, est la capacité de se représenter sa propre mort. Il y a un lien entre ces deux particularités proprement humaines qui est au cœur du grand paradoxe de la vie : *être mortel n’interdit pas le bonheur*. Ce qui nous permet de prétendre à ce bonheur n’est pas seulement un « détachement salutaire ». D’une certaine manière, toute forme d'humour prend pour cible la condition humaine. Rire de nous-même, c'est reconnaître la vanité de nos efforts à retarder les dommages du temps. Comme le chasseur du New Jersey, nous sommes sous l'influence de forces échappant à notre contrôle, y compris, souvent, notre propre stupidité. Pourtant, nous n'abandonnons pas.

Être capable de supporter toute la tristesse et l'absurdité que nous impose si souvent la vie, sans renoncer à trouver des raisons de persévérer, est un acte de courage rendu possible par notre aptitude à aimer et à rire. Pour supporter l'incertitude que nous ne pouvons manquer d'éprouver face aux grandes questions existentielles, nous avons besoin de nous entraîner au plaisir. Dans ce sens, tout humour est de l'humour noir, un pied de nez à la mort.

Les vertus thérapeutiques de l'humour sont patentes. Atteint d'une maladie échappant à tout diagnostic et donc démoralisante, Norman Cousins a consacré un livre à raconter comment il s'était guéri seul, avec le secours presque exclusif des vieux films des Marx Brothers. Le rire crée des modifications chimiques à l'intérieur de notre organisme qui ont un effet salutaire ; on peut les ranger parmi les bénéfices biens connus que procure une attitude optimiste et tonique. L'interaction corps-esprit est au cœur de toutes les théories sur les moyens de faciliter intellectuellement et psychologiquement un rétablissement. Bien avant l'existence de la médecine moderne, des guérisseurs de toutes sortes s'appuyaient sur la disposition mentale des malades pour les guérir. L'efficacité de cette approche ne fait aucun doute. Des infirmes continuent de se rendre à Lourdes où les béquilles et les fauteuils roulants empilés devant la grotte attestent du pouvoir de la foi.

Ce qu'on ne trouve pas, bien entendu, ce sont des membres artificiels. Il y a des limites aux « miracles » ! Ce qui semble se produire, c'est une forme de guérison accélérée fondée sur la conviction du malade que Dieu va lui rendre la santé. Les résultats sont en général suffisamment miraculeux.

L'humour est aussi une forme de partage, une pratique sociale. Rire ensemble est une manière d'affirmer que nous sommes tous sur la même barque. La mer nous entoure ; l'espoir d'un secours est incertain, la maîtrise de la situation illusoire. Pourtant, nous persévérons, ensemble.

J'ai récemment reçu un patient avec sa femme. « Il ne rit plus jamais, » s'est-elle plainte. L'homme en a convenu : « J'ai perdu le sens de l'humour. » Ils étaient récemment partis en voyage et elle avait perdu son portefeuille et ses cartes de crédit. « La même chose est arrivée à ma femme, ai-je dit. On lui a volé ses cartes bancaires. Mais je n'ai pas encore fait la déclaration parce que je me suis aperçu que le voleur dépensait moins qu'elle. » L'homme a ri. Pas ma femme, quand je lui ai raconté l'histoire.

Les pessimistes, comme les hypocondriaques, ont raison sur le long terme : personne ne sort d'ici vivant ! Mais, comme toute attitude, le pessimisme compte un grand nombre de prophéties qui se réalisent d'elles-mêmes. Si nous abordons autrui avec suspicion ou hostilité, il se comportera probablement de même, ce qui confirmera que nous n'attendions pas grand-chose de cette rencontre. Heureusement, le contraire est également vrai. Comme pour toute règle, il y a des exceptions et les gens ne se comportent pas forcément avec nous comme on s'est comporté avec eux. S'il est vrai que l'optimisme ordinaire ne peut pas nous éviter des déceptions occasionnelles, le pessimisme ordinaire n'en est pas moins un parent proche du désespoir.

En général, quand nous rencontrons les gens pour la première fois, nous leur sourions. Nous exprimons ainsi plus que de l'amabilité. Sourire est un signe de « bonne humeur » la reconnaissance que la plaisanterie fait partie de notre commune humanité : *ce n'est pas parce que la situation est grave qu'elle doit être désespérée*.

29. La santé mentale est l'affirmation d'un choix

Toute forme de désordre psychoaffectif est une gêne pour la personne qui en souffre. La dépression, l'anxiété, la psychose maniaco-dépressive ou la schizophrénie empêchent de fonctionner librement en société et exigent un ajustement constant du comportement pour être socialement adapté.

Sous le coup de la dépression, notre manque d'énergie, notre incapacité à nous concentrer et nos idées noires nous détournent des personnes et des activités qui nous procuraient auparavant du plaisir. Notre aptitude au travail est compromise et, dans des cas extrêmes, nous perdons même toute envie de vivre. Un excès d'anxiété provoque des conduites d'évitement visant à réduire l'inquiétude et la nervosité qui nous habitent. Dans le cas de troubles mentaux sévères comme la psychose maniaco-dépressive ou la schizophrénie, la perte de contact avec la réalité fait obstacle à une libre immersion dans le monde.

Toutes les maladies que j'ai mentionnées ont un fondement biologique, raison pour laquelle les médicaments sont habituellement efficaces. Néanmoins, dans la mesure où elles affectent nos modes de fonctionnement et les relations que nous entretenons avec les autres, il convient aussi de les traiter d'un point de vue comportemental. Celui qui est envahi par l'angoisse de façon chronique doit montrer une détermination à toute épreuve pour affronter ses peurs et ne pas se laisser dominer par elles. Avoir ce courage se résume en cette règle fondamentale : *éviter l'anxiété l'aggrave, l'affronter permet une amélioration progressive*.

Dans le cas de la dépression, le changement souhaité implique de surmonter suffisamment notre inertie et notre fatigue, pour entreprendre des activités qui ont toutes les chances de remédier à notre état. C'est beaucoup demander à quelqu'un qui est découragé, pessimiste et qui n'a aucune estime de lui-même.

Même les gens qui ne se sentent pas très en prise avec la réalité ont d'ordinaire des moments de lucidité. Ils comptent sur les bienfaits de leur traitement médicamenteux pour les aider à tenir le coup et à mener une vie à peu près normale. Une personne souffrant d'une maladie mentale chronique a besoin d'un soutien familial solide et averti. Les plus belles leçons d'amour que j'ai reçues dans le cadre de mon travail m'ont été données par les parents, les conjoints et les enfants de personnes souffrant de la maladie d'Alzheimer, de schizophrénie ou de handicaps. Les médailles décernées aux héros récompensent des actes de courage limités dans le temps. Ceux qui, jour après jour, prennent soin d'un être cher handicapé ont rarement droit à une reconnaissance officielle, mais ils ont, à mes yeux, gagné leur place au paradis, où qu'il soit.

J'assistais récemment à une conférence où un orateur, évoquant les servitudes de la maladie chronique, mentionna une association de soutien aux handicapés qui se montrait à son avis particulièrement utile. Il fit une pause, cherchant le nom de l'organisation.

C'est alors que la voix d'un homme en fauteuil roulant emplit la salle :

– « je ne suis pas... encore ... mort !
– Oui, répondit l'orateur, c'est cela ! »

La détermination de cet homme nous offre à tous une leçon. Et il ne s'agit pas seulement de mesurer la chance que nous avons, comparée à lui, mais de prendre conscience que vivre c'est perdre. Notre façon de réagir aux pertes est ce qui nous définit. Au sein de l'association dont je fais partie, qui réunit des familles ayant perdu un enfant, des parents rapportent les propos que, fréquemment, des gens bien intentionnés leur tiennent à l'extérieur : « Je ne sais pas comment tu tiens, je ne crois pas que j'y arriverais » est un grand classique. Cette remarque, qui se veut admirative, est d'une amère ironie pour des parents en deuil. Quel choix avons-nous ? Devons-nous mourir, nous aussi, et abandonner ceux qui ont encore besoin de nous ? De bien des façons, notre mort serait préférable à la perspective d'une vie sans l'être que nous avons perdu, mais ce soulagement nous est refusé et nous supportons notre sort sans baisser les bras.

La santé mentale engage notre libre arbitre. Plus nos possibilités de choix sont étendues, plus nous avons de chance d'être heureux. Les personnes qui vont très mal ou qui sont déprimées se sentent diminuées, parfois à cause de circonstances extérieures ou de maladie, le plus souvent à cause des nombreuses limites qu'elles s'imposent à elles-mêmes, ce qui est le cas chez tout le monde d'ailleurs. À cet égard, ce qui peut varier énormément, c'est la prise de risque que nous nous autorisons. Si notre capacité à être heureux repose uniquement sur la peur, en particulier la peur du changement, on peut dire adieu au bonheur ! Est-ce l'anxiété ou le manque d'imagination qui nous limite ?

Il y a toujours une issue, même dans les circonstances les plus désespérées. C'est cela, plus que tout autre chose, l'affaire de la psychothérapie : partager les souffrances d'autrui sans s'abandonner au désespoir, s'en tenir à la conviction que tout n'est pas perdu. Nous ne sommes pas encore morts.

30.

Pardonner, c'est se faire du bien

La vie est une succession de renoncements ; on y répète inlassablement le dernier acte avant de lâcher prise pour toujours. Pourquoi, alors, est-il si difficile de renoncer au passé ? C'est que nos souvenirs, bons ou mauvais, nous donnent un sentiment de continuité. Ils inscrivent notre être dans la durée et font lien entre ses différentes facettes : celui que nous avons été et celui que nous incarnons aujourd'hui pour un temps indéterminé.

L'ensemble de nos habitudes et de nos comportements forme un tout unique pour chacun et donc facilement repérable, ce qui rend nos réactions prévisibles à la fois pour nous et pour ceux qui cherchent à nous connaître. Nos « moi » anciens nous servent également d'ancre ; sources de stabilité d'un côté, cela peut empêcher, par ailleurs, que l'on s'adapte à des situations nouvelles.

Nous avons rarement eu une enfance idéale. Il est facile d'étaler ses traumatismes passés, pour expliquer que notre vie n'est pas ce qu'on aurait voulu qu'elle soit, mais c'est un piège. Vivre dans le passé empêche de changer et nous rend inéluctablement pessimiste.

C'est vrai, il nous est impossible de comprendre qui nous sommes sans nous pencher sur notre histoire. C'est pourquoi une psychothérapie, si elle se veut utile, s'appuie sur ce passé. Il existe un point d'équilibre entre ignorer le passé et s'y enliser ; une fois que nous l'avons trouvé, nous pouvons tirer un enseignement de ce qui nous est arrivé, en y incluant nos inévitables erreurs, et nous servir de ce savoir pour nos projets d'avenir. Inévitablement, cela demande de nous que nous sachions pardonner, c'est-à-dire renoncer à nos griefs, même quand ceux-ci sont parfaitement justifiés.

Couramment confondu avec le fait d'oublier ou de se réconcilier, le pardon n'est ni l'un, ni l'autre. Ce n'est pas quelque chose que l'on fait pour les autres ; c'est un don qu'on s'accorde à soi-même. Comme toute véritable guérison, c'est un acte d'amour et de justice.

Reconnaître qu'on nous a fait du tort, mais choisir de renoncer à notre ressentiment ou à notre désir de vengeance est une preuve de grande maturité affective et morale. C'est un moyen de se libérer d'une sensation d'oppression et de croire en une possible évolution. Se défaire de nos anciennes manières de penser et d'interpréter nous rend plus libre d'aborder le présent et l'avenir. En procédant avec cette liberté de conscience et cette détermination, nous faisons disparaître l'anxiété et l'impression d'impuissance qui accompagnent toujours les périodes où nous nous sentons malheureux.

Quand nous songeons aux personnes que nous avons perdues, le chagrin que nous éprouvons et les sentiments qui nous assaillent sont déterminants pour envisager notre avenir. Le défi est de garder espoir.

Beaucoup de gens choisissent de donner à leur espoir une signification religieuse. L'idée que la main d'un dieu miséricordieux leur montre le chemin, avec la promesse d'une vie éternelle, est un grand réconfort pour beaucoup de croyants et elle répond à la question universelle, celle de toute destinée humaine, qui se formule tout simplement ainsi : « Pourquoi moi ? » La religion permet aussi de supporter le côté absurde et imprévisible de toute perte importante, en assignant un but à tout ce qui arrive dans la vie. Nous sommes ainsi soulagés de la dure tâche de comprendre, il nous suffit d'accepter que les desseins de Dieu sont impénétrables et au bout du compte bienveillants.

Ceux qui, comme moi, ne peuvent pas, ou ne veulent pas, abandonner leur scepticisme, et ne se contentent donc pas de réponses faciles aux grandes questions de l'existence, doivent accepter de vivre avec leurs doutes. Nous, nous n'avons pas le soutien du discours religieux et devons lutter pour trouver un certain sens à la vie, sans le secours d'une croyance exigeant l'adoration d'un dieu créateur et prescripteur de règles qui, si on les observe, vaincront la mort, notre sort commun.

Une certaine forme de pardon met un point final au chagrin. Mon fils de six ans est mort des complications d'une greffe de moelle osseuse tentée pour le guérir de la leucémie. J'étais le donneur. Se résigner à sa mort – pas l'accepter, pas faire le deuil, et certainement pas oublier – fut un exercice de pardon : pardonner aux médecins qui avaient recommandé l'opération, et me pardonner, moi qui n'ai pas pu le sauver.

Quand j'ai prié pour sa vie, c'était un acte de détresse nourri de l'espoir que la religion dans laquelle j'avais été élevé pourrait encore sauver ce qui m'était le plus précieux. Sa mort, causée par une mutation cellulaire qu'on ne pouvait pas prévoir, dans un corps en parfaite santé par ailleurs, m'a laissé avec l'intime conviction qu'un dieu capable de laisser faire une telle chose ne méritait pas que je m'intéresse à lui une seconde de plus. J'envie ceux qui parviennent à conserver leur foi après avoir traversé une telle perte, et réussissent même à lui assigner un but. C'est au-dessus de mes forces. Mais je n'en espère pas moins rejoindre l'âme de mon fils défunt ! Quel genre d'agnostique suis-je donc ?

Nous portons tous dans notre souvenir le poids de blessures, de rejets ou d'injustices. Parfois, nous nous accrochons à ces griefs avec force détermination au point de devenir complètement obsédé par les personnes ou les institutions que nous tenons pour responsables de nos malheurs. Nous vivons dans un environnement culturel où le sentiment qu'on nous veut du mal est omniprésent. Pouvoir accuser l'autre de notre moindre infortune nous soulage du pénible examen de notre propre conduite et de notre part de responsabilité. Ainsi, on évite également de devoir accepter que la vie est pleine d'adversité et l'a toujours été. Mais, en rejetant la faute à l'extérieur de nous, nous nous privons surtout du soulagement que procure le fait de savoir que ce qui nous arrive est loin d'être aussi sérieux que nous le prétendons.

Il y a quelques années, en faisant la queue à une remontée mécanique, j'ai été renversé par une moto des neiges lancée à pleins gaz ; l'accélérateur était bloqué par le froid, et sans conducteur. Mes blessures, bien qu'elles m'aient rendu temporairement invalide, n'avaient pas laissé de séquelles, et je considérais l'incident comme un exemple des dangers imprévisibles de l'existence. Je n'ai pas réussi à me convaincre qu'obtenir des dommages et intérêts ferait concrètement progresser la cause de la sécurité en montagne. Les responsables de la station s'excusèrent, j'eus droit à des remontées gratuites et les choses en restèrent là. Je m'en suis sorti avec une anecdote drôle à raconter et une défiance accrue pour les gros engins roulants.

Songez aux vexations, aux insultes, aux reproches et, plus important encore, aux rêves inassouvis, que toute vie comporte. Voyez comment nos relations les plus intimes font naître récriminations et comptes d'apothicaire. Pour la plupart d'entre nous, ressasser les vieilles blessures distrait de la question essentielle : Que faire maintenant pour améliorer notre existence ?

Le passé est pour beaucoup de gens comme un film, toujours divertissant et souvent douloureux, qu'ils ne cessent de se repasser. Il contient toutes les explications, tous les malheurs et tous les drames qui ont conduit à ce qu'ils sont aujourd'hui. Qu'il soit, quand on le confronte aux versions d'autres témoins de l'histoire, pour une grande part sorti tout droit de notre imagination n'ôte rien à son pouvoir d'attraction. Et à quelle fin ? Nous ne pouvons rien changer aux injustices, aux blessures reçues, à tout ce que nous aurions voulu différent. Quel intérêt y a-t-il à s'accrocher à ses blessures et à s'acharner à en être malheureux ? Avons-nous le choix de faire autrement ?

Se réconcilier avec son passé est obligatoirement un processus de pardon, de renoncement – la plus simple et la plus difficile des entreprises humaines. C'est un acte à la fois de volonté et de soumission. Et il paraît souvent impossible jusqu'au moment où on l'accomplit.

Pour amener un patient à réfléchir, je lui demande souvent d'écrire son épitaphe. Devoir résumer sa vie en quelques mots rend mes interlocuteurs immanquablement perplexes et suscite souvent, de leur part, des réponses pleines d'humour et marquées par l'autodérision. Citons entre autres : « Il a lu beaucoup de magazines », « Elle a démarré lentement, puis a passé la marche arrière », « Je vous l'avais bien dit que j'étais malade ! », « Je suis content d'en avoir fini ». Je les pousse alors à aller plus loin, et ils se mettent à énumérer les aspects de leur vie dont ils sont fiers, leur rôle de parent, de conjoint ou de croyant, par exemple.

Je pense sincèrement que la rédaction d'un testament devrait inclure cet exercice. Pourquoi ne pas suggérer que, au moment où il contemple sa mort, le testateur ajoute un paragraphe disant : « Et pour mon épitaphe, j'aimerais... ? » On me demande parfois quel est celui que je choisirais.

J'ai un faible pour les mots de Raymond Carver :

– « Et avez-vous obtenu ce que vous vouliez de cette vie, malgré tout ?

– Oui.

– Et que vouliez-vous ?

– Pouvoir me dire aimé, me sentir aimé ici-bas. »

Composition réalisée par Nord Compo

IMPRIMÉ EN ITALIE PAR ROTOLITO LOMBARDA

Pour le compte des Éditions Marabout
D.L. n° 71893 – Juin 2006
ISBN : 2501047532
40.9696.2/01